न्यूज़मैन @वर्क

न्यूज़रूम की एक शाम

विज्ञापन वालों से बोलो-बड़ी खबर लेनी है; एक एड हटाएं!
यह तो बहुत रुटीन खबर है.... इसमें नया क्या है?
इससे बड़ी खबर आ गई है.. इसे अंदर दे दो
अभी आंकड़ा और बढ़ने दो, तब लीड बनाएंगे
अरेऽऽ यार.. इस खबर का सेलिंग पॉइंट क्या है?
रिपोर्टर को बोलो; वर्जन नहीं, सवाल-जवाब चाहिए!
यही लीड है। पांच कॉलम में लगाना।

न्यूज़मैन @ वर्क

लक्ष्मी प्रसाद पंत

वाणी प्रकाशन

वाणी प्रकाशन
4695, 21-ए, दरियागंज, नयी दिल्ली 110 002
फ़ोन : +91 11 23273167 फ़ैक्स : +91 11 23275710
शाखाएँ
अशोक राजपथ, पटना 800 004, बिहार
कॉफ़ी हाउस कैम्पस, महात्मा गांधी मार्ग, इलाहाबाद 211 001, उत्तर प्रदेश
महात्मा गांधी अन्तरराष्ट्रीय हिन्दी विश्वविद्यालय, वर्धा 442 001, महाराष्ट्र
सुल्तानिया रोड, मोतिया पार्क, भोपाल 462 001, मध्य प्रदेश
www.vaniprakashan.com
marketing@vaniprakashan.in
sales@vaniprakashan.in

NEWSMAN@WORK
by Laxmi Prasad Pant

ISBN : 978-93-89012-48-4
Media/Journalism

प्रथम संस्करण 2020

मूल्य : ₹ 225

सिटी प्रेस, दिल्ली-110 095 में मुद्रित

वाणी प्रकाशन का लोगो मक़बूल फ़िदा हुसेन की कूची से

उन पत्रकारों के नाम,
जिन्हें ख़बरों से प्यार है।
आधी रात को जो न्यूज़रूम की ख़ामोशी में
ख़बरों को निर्णायक धार देते हैं।

ख़बरों के जन्म-स्थान न्यूज़रूम में आपका स्वागत है

शाम के 6 बजे हैं। तापमान फिफ्टी, नॉटआउट पर है। गर्मी तड़पा रही है। जयपुर के न्यूज़रूम में अलग गर्माहट है। रिपोर्टर्स, डेस्क प्रभारी, फ़ोटो जर्नलिस्ट जिरह कर रहे हैं। न्यूज़ एडिटर सिर हिलाते हुए नोट लिख रहे हैं। रिपोर्टर समझाने में लगे हैं कि आज उनकी ही ख़बर फ्रंट पेज लीड है। क्राइम रिपोर्टर के अपने तर्क हैं। उनके पास शहर में हुई एक हत्या के बाद के हालात पर ग़ज़ब की स्टोरी है। जबकि पॉलिटिकल रिपोर्टर्स का दावा है कि उसके पास एक ब्रेकिंग न्यूज़ है। फ्रंट पेज इंचार्ज अभी अपना अंतिम फ़ैसला सुनाने की स्थिति में नहीं हैं। उन्हें लगता है कि अभी तक सब रुटीन है, रात गहराने पर ही किसी अच्छी ख़बर के संकेत मिलेंगे। रिपोर्टरों को उनका सन्देश साफ़ है– अच्छी और हटकर ख़बर है तो बताओ वरना दफा हो जाओ। मेरी यह एक्शन फ़ोटो कहाँ लगेगी? फ़ोटो जर्नलिस्ट बीच में चिल्लाया। फ्रंट पेज इंचार्ज ने हाथ में थामे फ्रंट पेज की डमी पर पैन से बॉक्स बनाते हुए कहा– यहाँ। लोअर हाफ में। फ़ोटो जर्नलिस्ट ख़ुश। चेहरे पर कैमरे के फ़्लैश जैसी चमक कौंध गयी। ख़बरों की बातचीत जारी है। न्यूज़रूम में ख़बरों का संसेक्स चढ़–उतर रहा है।

अख़बारों के न्यूज़रूम ऐसे ही धड़कते हैं। तर्कों की भिड़न्त, विचारों का जन्म, ख़बरों की विचारधारा से नहीं विचार के कारण पन्नों पर

क़ाबिज होना... सब यूँ ही होता है। और अगर आप इस बात से हैरान हैं कि क्या ऐसा होता है? तो मेरा सुझाव है कि किसी शाम एक बार किसी भी अख़बार के न्यूज़रूम का विजिट ज़रूर करें। आपको यह महसूस करते हुए अच्छा लगेगा कि अलसुबह जो अख़बार हॉकर आपके दरवाज़े के भीतर चुपके से सरका जाता है, वह कैसे जन्म लेता है और न्यूज़रूम के गर्भ में पल रही ख़बर की प्रसव पीड़ा कैसी होती है?

अब फिर से न्यूज़रूम के शोर और ख़बरों की गर्मी पर लौटते हैं। पत्रकार के तौर पर यह हमारे लिए रोज़ की आम भाषा ही है। सच कहूँ तो अगर किसी शाम– हत्या, रेप, चैन स्नेचिंग, भ्रष्टाचार, सुसाइड जैसे शब्द पत्रकारों के कानों तक न पहुँचें तो चिन्ता होने लगती है, आज पेज कैसे मज़बूत बनेगा? मौत भी हमारे लिए अंकगणित होती है। मरने वाले ज़्यादा तो फ्रंट पेज की लीड, कम मौतें तो सेकेंड लीड और पाँच–छह तक मौतें हैं तो भीतर का कोई भी पेज। दायरा थोड़ा और खोलूँ तो कहाँ, कौन और कैसे मरा है, यह कई बार संख्या से बड़ा मामला बनता है। और अगर मरने वाला कोई विशेषणधारी है तो छपने की शर्तें बदल जाती हैं। एक आम इंसान को यह प्रक्रिया बहुत थकाऊ, इन्द्रियों को सुस्त, नर्वस और संवेदनहीन करने वाली लगे पर एक पत्रकार के लिए यह सामान्य है।

जैसे–जैसे रात गहराती है, अख़बारों के न्यूज़रूम में पत्रकारों की आँखें चमकने लगती हैं। बिल्कुल गुड मॉर्निंग सरीखी। दिलचस्प यह है कि पूरी रात हर ख़बर पर्दे में रहती है। पत्रकार, डेस्क के साथी सब उसे छिपाये रखते हैं। और सुबह पाँच बजे हर पत्रकार यही चाहता है कि उसका लिखा एक–एक हरफ़ पाठक आँखें फाड़–फाड़कर पढ़े। लेकिन होता क्या है? हमारी सारी रात और कई रातों की मेहनत को अगले दिन हॉकर दोनों हाथों से गोल करता है, उसपर काला रंग छोड़ने वाला रबड़ बाँधता है और ठीक निशाना लगाकर पाठकों की बालकनी में फेंकता है। यहाँ सारी रात कूलर से

रिसे या भीगे कपड़ों से गिरे पानी में ख़बरों के सारे रंग ऐसे घुलते हैं, मानो किसी ने बेदर्दी से पूरी पत्रकारिता को एक ग्राइंडर में घुमा दिया। अब यह आप पर है कि इस भीगे अख़बार से आप कितने अचम्भित, आश्चर्यचकित, प्रसन्न या सन्न होते हैं। आपके अख़बार पर बिताये दस या पन्द्रह मिनट ही पत्रकार की पूरी रात की मेहनत का फल है। पत्रकार की कामकाजी ज़िन्दगी भी इतनी ही है।

असल में जब आप काम ख़त्म कर घर लौट रहे होते हैं, तो आप हमारे लिए काम शुरू कर चुके होते हैं। आप घर में दाख़िल होते हैं और इधर पत्रकार न्यूज़रूम में। वो वही समेटेगा जो दिनभर आपने फैलाया होगा। वही लिखेगा जो आपने किया होगा। दफ़्तरों से भ्रष्टाचार के क़िस्से, थाने से क्राइम, अस्पताल से हादसे और दर्द, मोहल्लों से शिकायतें और सिविल लाइंस से साज़िश और सियासत। यही सब तो अब रातभर न्यूज़रूम में पकेगा। रात जैसे–जैसे गहरी होती जायेगी, न्यूज़रूम ख़बरों से जगमगाने लगेगा। सन्त–वैज्ञानिकों जैसी ऊर्जा, आत्मविश्वास और एकाग्रता के साथ पत्रकार ख़बरों का विश्लेषण करने बैठेगा। हर शब्द, हर ख़बर की होशियारी के साथ काट–छाँट करेगा। हर ख़बर पूरे सलीके के साथ अपने–अपने प्रभाव वाले पेज पर पहुँचती है। दरअसल, यहीं से अख़बार आकार लेना शुरू करता है।

रुटीन की ख़बर हो, रोज़ाना की प्लानिंग या एक्सक्लूसिव स्टोरी, अपने साथ दबाव और तनाव लेकर आती है। एक–एक ख़बर को चुनते वक़्त सावधानी तो रखनी ही पड़ती है और ख़बर को पढ़ते वक़्त कई सदमे भी लगते हैं, दिल की धड़कनें भी तेज़–तेज़ धड़कती हैं। हम किस दोहरी दुनिया में जीते हैं इसकी आप कल्पना भी नहीं कर सकते। जिस ख़बर में जितना ज़्यादा दर्द होगा सुबह वह अख़बार को उतना ही ज़्यादा चर्चित करेगी। न्यूज़रूम में हम इसी दोहरी ज़िन्दगी को रोज़ जी रहे होते हैं। दर्द को सजाना भी है और दर्द की तड़प को जीना भी है। पत्रकारिता एक तनावपूर्ण पेशा है।

हर ख़बर हर पत्रकार को दुखी, निराश, परेशान और आक्रोशित करती है। लेकिन ख़बर पर काम करने तक। ख़बर के साथ ही उसके भाव भी पूरे हो जाते हैं। हम सभी पत्रकार एक शॉर्ट टर्म मेमोरी लॉस्ट सिंड्रोम से ही पीड़ित हैं। नया दिन, नयी ख़बर।

पत्रकार जब देर रात अपना दफ़्तर छोड़ता है, तो उसका थका हुआ शरीर एक ज़िन्दा जीवाश्म की तरह होता है। उसके हाथ ख़ून से सने होते हैं। सैकड़ों हत्याएँ, दुर्घटनाएँ, दुष्कर्म, लूट, गैंगवार, दंगे, साज़िशें आदि–आदि ख़बरों की गूँज वो अपने दिमाग़ में लेकर घर पहुँचता है। घर पहुँचते ही सबसे पहले अपने दोनों हाथ धोता है। इसके बाद अपने परिजनों को छूने की हिम्मत जुटा पाता है। यहाँ एक ख़ामोश डर उसके भीतर भी उतरता है। कहीं बिन धोये हाथों पर लगे ख़बरों के रंग सोते हुए उसके अपनों को डरा न दें। पत्रकारों के जीवन में ज़िन्दगी के घोषित रंगों के अलावा भी ख़बरों के कई रंग हैं। किसी दिन हमारे न्यूज़रूम में आयेंगे तो आपको पत्रकारिता के ये रंग भी दिख जायेंगे।

शुक्रिया फ़िल्मी दुनिया का, जिसने हमें एक इमेज, प्रतीक और बिम्ब दिया है। यानी पत्रकार आपको रोबिनहुड–बहुत ताक़तवर, ग्लैमरस, रिसोर्सफुल–शेरलाक होम्स जैसे जासूस किरदार भी लगते होंगे। माफ़ कीजिए, लेकिन ये एक मुग़ालता है। जो है, वो मैं पहले बता चुका हूँ। रात के दो बजे जब पत्रकार के फ़ोन की घण्टी बजती है, तो ख़बर किसी बड़े हादसे, अग्निकाण्ड या दुर्घटना की ही होती है। आप पत्रकार को एक अस्पताल मान सकते हैं। यहाँ समाज बीमार होने पर ही आता है। पत्रकार की ज़िन्दगी ऊपरी लाइनों में दर्ज तमाम चमकदार धारणाओं से बिल्कुल अलग है।

न्यूज़रूम पत्रकारों की सबसे पवित्र जगह है। और पत्रकार के तौर पर जब आप इसके तिलिस्म में दाख़िल होते हैं तो शोमैन राजकपूर बहुत

याद आते हैं। राजकपूर हमेशा मुझे एक चलता–फिरता–दौड़ता–भागता न्यूज़रूम नज़र आते हैं। पत्रकारों की तरह वे भी आम आदमी के नायक थे। राजकपूर की फ़िल्म 'आवारा' और 'मेरा नाम जोकर' में उनका साहसिक निर्देशन–आम–आदमी सी अदाकारी और पैनी पटकथा में हम एक पत्रकार–सम्पादक का हर नज़रिया देख सकते हैं। इन दोनों फ़िल्मों के नायक अपने ही आनन्द में रहते हैं। जुनून जैसा आनन्द वो भी साधारण होने का। पत्रकार ऐसा ही है। रचनात्मकता और ख़बर का संघर्ष ही पत्रकार का जुनून है जो उसे आनन्द देता है।

अफ़वाह, नफ़रत और अत्यधिक प्रतिक्रियाओं से भरे समय में न्यूज़रूम की इन सच्ची कहानियों में आप पत्रकारों के उन चेहरों को पायेंगे जो जब तक कहीं छिपे हुए थे। पत्रकारों की हत्या, हमले, आरोप तो आप अक्सर सुनते–पढ़ते ही होंगे, लेकिन ख़बरों को लिखते, जीते और अपने पाठकों तक पहुँचाने के लिए वे किस जुनून, तनाव, सदमे, चिन्ता और ग़ुस्से को जीते हैं, आप इन सभी कहानियों में वही सबकुछ पायेंगे। सारी कहानियाँ पत्रकार और उनकी मानवीय करुणा पर केन्द्रित हैं। कहानियों के सारे शीर्षक वही हैं, जो उस दिन की हैडलाइन थे।

किसी विचार को चेहरा देने में अकेले लेखक का किरदार नहीं हो सकता, ऐसा मेरा मानना है। पहले होता है आइडिया। इसके लिए दैनिक भास्कर समूह के एमडी श्री सुधीर अग्रवाल को धन्यवाद। वे हमें बार–बार नये आइडिया और विचार के लिए प्रेरित करते रहते हैं। इसी इंस्पिरेशन के कारण दैनिक भास्कर में छपी ख़बरों को एक विचार और फिर एक किताब की शक्ल दे पाया। मैं ख़बरों की कहानी लिखते वक़्त भी पत्रकारिता ही कर रहा था। यह अभ्यास एमडी सर के साथ की मेरी वर्किंग का ही नतीज़ा है।

ख़बरों की कहानियों के संकलन में हमारे सबसे सक्रिय साथी तरुण शर्मा, आनन्द चौधरी, रमनकान्त शर्मा, पूजा शर्मा, प्रवीण भट्ट व विजय मुद्गल का विशेष सहयोग रहा। चित्रांकन वरिष्ठ इलस्ट्रेटर

संजय डिमरी ने किया। यहाँ यह ज़िक्र भी ज़रूरी है कि रेप पीड़िताओं को मिलने वाले धीमे न्याय पर हमने सात स्टोरी सीरिज़ की। मैंने पूजा को 743 दुष्कर्म की एफआईआर पढ़ने को दी थी। जानता हूँ कि उन्हें पढ़ना उसके लिए बहुत मुश्किल रहा होगा। उसने कई रेप पीड़िताओं से भी बातचीत की। ज़्यादातर पीड़िताएँ नीचे देखते हुए, रोते हुए या पैर के अँगूठे से ज़मीन को कुरदते हुए बात करती थीं। आप समझ सकते हैं कि एक पत्रकार के तौर पर यह कितना चुनौतीभरा रहा होगा।

माफ़ीनामा समझिए या अग्रिम जमानत मेरी माँ, धर्मपत्नी अलका पंत व बेटी थिरा पंत का ज़िक्र ज़रूरी है, जिनका बहुत सारा समय चुराकर इस किताब को मैं चेहरा दे पाया।

डिस्क्लेमर– इस किताब में अख़बारों के न्यूज़रूम की सच्ची कहानियाँ हैं। यहाँ पत्रकार नहीं उनकी ख़बरें बोलती हैं। और हाँ इस न्यूज़रूम में दहाड़ते–मुस्कराते और दिव्य–जटिल आँखों वाले समाचार वाचक नहीं पाये जाते।

–लक्ष्मी प्रसाद पंत

पत्रकारिता आपको मार डालेगी लेकिन जब तक आप इसे करेंगे यह आपको जीवित भी रखेगी।

—होरेस ग्रीले,
अमेरिकी लेखक और
न्यूयॉर्क ट्रिब्यून के एडिटर

अनुक्रम

01

पोस्टमॉर्टम

ख़बर लिखते वक़्त अगर पत्रकार की आँखों में आँसू नहीं हैं तो पढ़ते वक़्त पाठकों की आँखें भी सूखी ही रहेंगी...ख़बर सड़क हादसे की थी लेकिन इस दर्द को काग़ज़ पर उतारते वक़्त आँखें दर्द से काँपने लगीं।

जल्दी घर जाना था डॉक्टर को, पोस्टमॉर्टम के लिए आ गया इकलौते बेटे का शव

एक पाठक के रूप में ख़बरों को पढ़कर आपने कई संवेदनाएँ महसूस की होंगी। दुख, ख़ुशी, आश्चर्य, निराशा... लेकिन निश्चित तौर पर किसी ख़बर के पीछे छिपे पत्रकार के आँसुओं की नमी तो कभी आप तक नहीं पहुँची होगी। यकीनन एक थरथरात ग़ुस्सा भी आपने कभी महसूस नहीं किया होगा। दरअसल, पत्रकारिता की कुछ लक्ष्मण रेखाएँ हैं, लेकिन यह खुलासा भी ज़रूरी है कि किसी भी तरह के दर्द को काग़ज़ पर उतारते वक़्त अक्सर ख़बरनवीसों की कठोर–ठण्डी आँखों के कोर भी उतने ही गीले होते हैं जितने कि एक आम इंसान के। भावहीन चेहरे वाले पत्रकारों के दर्द की भी अपनी एक अलग दुनिया है।

पत्रकारिता की पढ़ाई के दौरान चिन्तक रॉबर्ट फ्रॉस्ट की इन लाइनों को हमारे क्लास टीचर लगातार भीतर तक दर्ज कराते

रहते थे–अगर लिखते वक़्त पत्रकार की आँखों में आँसू नहीं हैं तो पढ़ते वक़्त पाठकों की आँखें भी सूखी ही रहेंगी। और ऐसा सैकड़ों बार हुआ है कि दर्द भरे हादसों को कवर करते समय हम पत्रकार ज़ार–ज़ार रोये हैं और हमारी इसी तड़प ने आपकी आँखों को भी नम किया है। ऐसा दर्दनाक घटनाओं की लाइव कवरेज करते वक़्त कई बार हुआ है, जब ख़बरों में छिपी पीड़ा ने दिल–ओ–दिमाग़ को झकझोर दिया और सोच के पूरे तन्त्र को अपनी जगह से हिला दिया। यहाँ भी एक ऐसी ही ख़बर का ज़िक्र है जिसे पढ़कर आपकी आँखें भी भर आयेंगी। आपके दिल की धड़कनें भी पूछेंगी–क्या यह नाटक है या ज़िन्दगी का सच?

जनवरी का महीना रहा होगा, साल 2009। हमारे सम्पादकीय

साथी विजय वशिष्ठ राजस्थान पेज चेक कराने के लिए मेरे पास लेकर आये। पेज का लेआउट, सलेक्शन और ग़लतियों से गुज़रते हुए मेरी नज़र कोने में लगी एक सिंगल कॉलम ख़बर पर पड़ी। हैडिंग थी, सड़क दुर्घटना में इंजीनियरिंग छात्र की मौत। घटना अलवर की थी। जाने क्यों मैंने ख़बर पूरी पढ़ने का फ़ैसला किया। एक डर भी था कि कहीं कोई अपना तो नहीं। रात के 11:40 का समय होगा। इस वक़्त अक्सर हम हैडिंग्स या इंट्रो पढ़कर ही पेज ओके कर देते हैं। हम जानते हैं कि ज़िम्मेदार और अनुभवी डेस्क के साथियों ने पूरी ख़बरें ठीक से पढ़ ली होंगी। सारे फैक्ट चेक कर लिए होंगे। इसके बाद ही पेज छपने चला जाता है।

> *डयूटी वाले डॉक्टर ने अगले डॉक्टर का इन्तज़ार करने को कहा। बाहर निकलते हुए मृतक की बेल्ट और जैकेट देखकर डॉक्टर को कुछ संशय हुआ। जैकेट पहचाना सा लगा। वह तेज़ क़दमों से मोर्चरी की ओर गया और वहाँ देखा तो शव उसी के बेटे का था।*

न्यूज़रूम की तमाम हिदायतों और इन्तज़ामों के बावजूद मैंने ख़बर पढ़नी शुरू की। जैसे–जैसे ख़बर का दायरा खुलता गया, आँखों की पुतलियाँ फैलने लगीं। आख़िरी तीन लाइनों ने तो मुझे भीतर तक हिला दिया। सारे शब्द ज़िन्दगी और मौत के बीच से गुज़र रहे थे। ख़बर का अन्त कुछ इस तरह था–बुरी तरह घायल इंजीनियरिंग छात्र को उसके दोस्त अलवर के सिविल अस्पताल लाये थे जहाँ कुछ देर बाद उसकी मौत हो गयी। शव मोर्चरी आ चुका था और पोस्टमॉर्टम के लिए डॉक्टर का आना बाक़ी था। मृतक छात्र के दोस्त जल्दी पोस्टमॉर्टम कराकर उसे घर ले जाना चाहते थे। पाँच बजे के बाद पोस्टमॉर्टम होता भी नहीं है। एक परिजन को सूचित कर दिया गया था, जो पहुँचने वाला था। इस बीच मृतक के दोस्त डयूटी पर तैनात पोस्टमॉर्टम डॉक्टर के पास जा पहुँचे और

जल्दी करने का आग्रह करने लगे। डॉक्टर को भी काम निपटा कर जल्दी जाना था सो उसने अगली ड्यूटी वाले डॉक्टर का इन्तज़ार करने को कहा। तभी डॉक्टर की नज़र मृतक के सामान पर गयी जो दोस्तों के पास था। मृतक की बेल्ट और जैकेट देखकर डॉक्टर को कुछ संशय हुआ। उसे कुछ पहचाना–सा लगा। वह तेज़ क़दमों से मोर्चरी की ओर भागा और वहाँ शव देखकर उसके पैरों के नीचे से ज़मीन खिसक गयी।

ये तो उसका अपना बेटा था। युवा और इकलौता। डॉक्टर अपने बेटे के शव को देखकर दर्द के किन भयानक क्षणों से गुज़रा होगा, यहाँ शब्दों में नहीं बताया जा सकता। लेकिन ख़बर की एक–एक लाइनों से गुज़रते हुए मेरे कण्ठ सूखने लगे थे और आँखों से आँसू न आये हों यह भी सम्भव न था। देर रात ऐसी ख़बर से मेरी मुठभेड़ होगी कल्पना से परे था। शव का पोस्टमॉर्टम पिता ने किया या नहीं, मैं नहीं जानता... लेकिन इस ख़बर का पोस्टमॉर्टम करते–करते मेरे हाथ और मन संवेदना के लहू से रंग चुके थे। यह अदृश्य लहू सिर्फ़ मुझे महसूस हो रहा था और मन पर मानो भारी बोझ क़ाबिज हो चुका था। एक ख़ामोश तूफ़ान ने मुझे घेर लिया था। दिल तेज़–तेज़ धड़क रहा था।

पोस्टमॉर्टम पिता ने किया या नहीं, मैं नहीं जानता... लेकिन इस ख़बर का पोस्टमॉर्टम करते–करते मेरे हाथ और मन संवेदना के लहू से रंग चुके थे। यह अदृश्य लहू सिर्फ़ मुझे महसूस हो रहा था और मन पर मानो भारी बोझ क़ाबिज हो चुका था। एक ख़ामोश तूफ़ान ने मुझे घेर लिया था।

दुर्घटना हमेशा दर्द ही देती है और किसी अपने के साथ हुआ हादसा तो और भी ज़्यादा। मुझसे मीलों दूर अपना काम कर रहे उस डॉक्टर पर अचानक गिरी इस बिजली की आवाज़ मेरे कानों तक भी आ रही थी। लेकिन हमेशा की तरह हमारे लिए अन्ततः यह एक

ख़बर ही थी जो एक नया रंग ले चुकी थी। इंजीनियरिंग छात्र की मौत से कहीं आगे बढ़कर यह डॉक्टर पिता के सामने आया उसके बेटे का शव, वो भी पोस्टमॉर्टम के लिए... जैसे अति दुखद लेकिन बहुत ज़्यादा पढ़े जाने वाले एंगल पर शिफ्ट हो चुकी थी। मेरा साथी जो पेज लेकर आया था, वो इस बात पर सन्तुष्ट था कि उसके पेज की छोटी–सी ख़बर मरते–मरते बच गयी और फ्रंट पेज की बड़ी ख़बर बन गयी। मैं भी सन्तुष्ट था कि इतने संवेदनशील और प्रभावी एंगल की ख़बर भीतर के पन्ने पर सिंगल कॉलम जाने की बजाय पूरे स्पेस के साथ फ्रंट पेज पर आ गयी। अब मैं तसल्ली करने में जुट गया कि हमारे विरोधी अख़बार में कहीं यह एंगल तो नहीं? अगर ऐसा नहीं हुआ तो हम लीड कर जायेंगे। अपराधबोध और ख़बर की टूटन अब प्रोफ़ेशनलिज़्म के बोझ तले कहीं दब गयी। मैंने इस पीड़ा में अपने ख़बर का सौन्दर्य तलाश ही लिया। सुबह–सुबह इस ख़बर की ख़ूबसूरत चमक मेरे चेहरे पर तब और चमकदार हो गयी, जब मैंने देखा कि हमारे विरोधी अख़बार में यह ख़बर मिसिंग है।

अख़बारों के न्यूज़रूम में भी ख़बरें ऐसे ही जन्म लेती हैं। हर ख़बर की अपनी एक प्रसव पीड़ा होती है। निर्मम और निर्भीक होने के बावजूद पत्रकार अपने सच के साथ अकेला ही खड़ा रहता है। कामयाब न्यूज़रूमों का एक कड़वा सच यह भी है।

अन्त में एक वैज्ञानिक कन्फेशन–आँसुओं/संवेदनाओं का असर भी प्रस्तुतीकरण पर प्रभाव डालता है। अश्रु मनोविज्ञान बताते हैं कि इमोशनल टियर्स सदैव एक ताक़तवर कम्यूनिकेशन डिवाइस के रूप में काम करते हैं। दुनिया की कई महान रचनाओं में आँसुओं का बड़ा योगदान रहा है। बस शर्त इतनी है कि वे प्राकृतिक हों। सम्भवतः कमज़ोरी की निशानी समझी जाने वाली भावुकता कभी–कभी इस तरह चीज़ों को सामने ले आती है जैसी कल्पना भी नहीं की गयी होती है। इसीलिए डरते–डरते ही सही कई बार पीड़ा और त्रासदी भी एक ख़ूबसूरत सौन्दर्य का सृजन कर जाती है।

पत्रकार के तौर पर मेरा और मेरे प्रोफ़ेशन का सौन्दर्य क्या है? जवाब– अविश्वसनीय और अमंगल ख़बरें। क्योंकि जहाँ कुछ भी बुरा हो सकता है, वहीं आप प्रत्यक्षदर्शी के तौर पर पत्रकार को खड़ा पायेंगे। अमेरिकी पत्रकार हेनरी एनातोले की ये लाइनें काबिल–ए–गौर है– पत्रकारिता कभी भी ख़ामोश नहीं हो सकती, यही उसकी सबसे बड़ी ख़ूबी और सबसे बड़ी कमी भी है।

02

व्यभिचार व्यापार

यह ख़बर 3 टुकड़ों में आयी थी। एक–एक पन्ने को पढ़ते हुए मुझे लगा– जैसे मैं किसी यातना शिविर के एक–एक चरण को पूरा कर रहा हूँ। ख़बर जारी करते वक़्त मुझे बहुत डर लगा था।

सॉरी अम्मा लिख 12 साल की बच्ची ने माँ से माँगी माफ़ी, दो साल से परिवार ही बेच रहा था जिस्म

तनाव पत्रकारिता का सबसे अहम हिस्सा है। ख़बरों में हर वक़्त अच्छा करने की हसरत न्यूज़रूम को बेहद तनावपूर्ण बना देती है। वैसे भी पत्रकारिता सबसे तनाव वाली नौकरियों में शामिल है। आधी रात को न्यूज़रूम में ख़तरनाक ख़बरों के लगने वाले झटके कठोर से कठोर पत्रकार को भी परेशान कर देते हैं। कई बार कुछ ख़बरें एक घाव की तरह आपके दिमाग़ में प्रवेश करती हैं और दिल को घायल कर देती हैं। जो कहानी अब मैं आपको बताने जा रहा हूँ वह भी एक डरावने सपने की तरह है। ख़बर का ऐसा भयानक और बेरहम चेहरा मैंने पहली बार देखा था।

उस दिन हमारे न्यूज़रूम में रोज़ की तरह सकारात्मक और नकारात्मक ख़बरों का पोस्टमॉर्टम जारी था। ख़बरों की हैडलाइन अपनी–अपनी पसन्द के पेजों पर जगह लेने की लड़ाई लड़ रही थी।

सभी सम्पादकीय साथी स्टोरीज के अलग–अलग पहलुओं को अन्तिम रूप देने में लगे थे। रात का 11:40 का वक़्त रहा होगा। अचानक एजेंसी की वायर पर ब्रेकिंग न्यूज़ का वन लाइनर फ्लैश होता है– दुष्कर्म– केरल। ख़बर केरल के मालापुरम डेटलाइन से थी। क्योंकि केरल में हमारा कोई न्यूज़ नेटवर्क नहीं था, इसलिए ख़बर को लेकर हमारी जिज्ञासा और बढ़ गयी। इतनी रात कैसी ब्रेकिंग? पीटीआई का पूरा ट्रैक खंगाल लिया गया, लेकिन ख़बर का विस्तार हमें और इन्तज़ार करा रहा था। कुछ देर बाद पहला ब्रीफ़ टेक आया।

केरल में 12 साल की बच्ची से दुष्कर्म। क्योंकि आजकल बच्चों से दुष्कर्म की ख़बरों की संख्या अचानक बढ़ गयी है। इसलिए हमने इस ख़बर को भी सामान्य नज़रिए से ही देखा। ख़बर केरल की थी, इसलिए देश–विदेश पेज पर फर्स्ट ब्रीफ़ का स्पेस तय कर दिया गया। मेरा फोकस भी ख़बर पर अब कम हो चुका था। दरअसल अगर ख़बर का क्षेत्र आपके पाठकों से सीधा जुड़ा हुआ नहीं है तो घटना के साथ भावनात्मक लगाव भी कम हो जाता है।

कुछ देर बाद 3 टेक में पूरी ख़बर आ गयी। फ्रंट पेज के साथी ने थके मन से तीनों टेक हाथ में थमा दिये। पहला टेक– केरल के मालापुरम में 12 साल की बच्ची से दुष्कर्म। अगली लाइन थी– 2 साल से बच्ची को यौन हिंसा का शिकार बनाया जा रहा था। इस दौरान 30 लोगों ने उसका यौन शोषण किया। मामला क्योंकि बच्ची के दुष्कर्म से जुड़ा था, इसलिए पत्रकार से पहले एक पिता की नज़र ख़बर में आरोपी को ढूँढ़ने लगी। ख़ुद ही बुदबुदाया– 2 साल रेप और वो भी 30 लोग। परिवार क्यों बेख़बर और बच्ची ने उन्हें बताया क्यों नहीं? लेकिन मुझे यह नहीं पता था कि सारे सवालों के जवाब अगले टेक में मेरा इन्तज़ार कर रहे हैं।

बच्ची ने पुलिस को बताया कि रेप करने वाले उसके पिता के परिचित थे। बेटी का यौन–शोषण माता–पिता की सहमति से हो रहा था। ख़बर की इन लाइनों को मैंने 3 बार पढ़ा। मैं कहीं ग़लत तो नहीं, लेकिन यह सच था। मेरा दिल तेज़–तेज़ धड़कने लगा। अरे! ये कैसी ख़बर है?

दूसरे टेक की पहली लाइन में ही मेरे सारे सवालों के जवाब थे। केरल के मालापुरम थाने में दर्ज हुई इस एफआईआर के अनुसार, सातवीं में पढ़ने वाली 12 साल की मासूम के साथ 2 साल से 30 से भी ज़्यादा लोगों ने रेप किया। बच्ची ने पुलिस को बताया– उसका परिवार आर्थिक तंगी से गुज़र रहा है। पिता बहुत कम कमा पाते हैं

और दादी बीमार रहती हैं। घर में पैसों की इतनी परेशानी है कि वह मकान का किराया तक नहीं दे पा रहे हैं। पुलिस काउंसिलिंग के बाद बच्ची का कहना था कि रेप करने वाले उसके पिता के परिचित थे। बेटी का यौन–शोषण माता–पिता की सहमति से हो रहा था। ख़बर की इन लाइनों को मैंने 3 बार पढ़ा। मैं कहीं ग़लत तो नहीं, लेकिन यह सच था। रिश्तों को दरहम–बरहम करने वाली यह ख़बर मेरे दिमाग़ पर हथौड़े की चोट की तरह थी। दिल तेज़–तेज़ धड़कने लगा। यह कैसी ख़बर है?

जैसे–जैसे ख़बर खुलने लगी, दिमाग़ की नसों में हलचल भी बढ़ने लगी। तीसरे टेक की पाँचवीं लाइन ने तो दिमाग़ को सुन्न कर दिया। माता–पिता को पुलिस ने गिरफ़्तार कर लिया। बच्ची को शेल्टर होम भेजा जा रहा था तो उसने जाते वक़्त घर की दीवार पर लिखा– सॉरी अम्मा! 12 साल की मासूम ने माँ से माफ़ी माँगी थी कि वह अब घर चलाने में कोई सहयोग नहीं कर पायेगी। क्योंकि वहीं घर में आमदनी का एकमात्र ज़रिया थी। माता–पिता दोनों गिरफ़्तार हो चुके थे। बीमार दादी और छोटा भाई घर में अकेले छूट गये थे।

ख़बर का यह पहलू और भी पीड़ादायक है। इतनी दरिन्दगी के बावजूद बच्ची नहीं चाहती थी कि उसके माता–पिता को सज़ा मिले। क्योंकि पिता को अगर जेल हुई तो पूरा घर बिखर जायेगा। माँ के लिए सॉरी शब्द उसने इसीलिए लिखे थे। दरअसल, बच्ची के घर में ही चल रही इस दरिन्दगी की जानकारी पुलिस को उन्हीं के पड़ोसियों ने दी थी। पुलिस स्टेशन के सब–इंस्पेक्टर नौशाद इब्राहिम के मुताबिक़, पड़ोस में रहने वाली एक महिला ने हमें बताया था कि अक्सर रात में उन्हें लड़की के चीखने–रोने की आवाज़ें आती थीं। कुछ दिनों तक तो पड़ोसियों को यही लगता रहा कि शायद बच्ची बीमार है या उसे कोई शारीरिक चोट है, जिससे रात में वह दर्द से कराहती है। कुछ दिनों बाद चीख़ें तो कम हो गयीं, लेकिन इस घर में लोगों का आना–जाना बढ़ गया। पड़ोसियों को शक होने लगा

कि कुछ तो गड़बड़ है। सूचना पर पहुँची पुलिस ने घर में चल रहे इस क्रूर यौन उपद्रव का भण्डाफोड़ कर दिया।

यह ख़बर तीन टुकड़ों में आयी थी। एक–एक पन्ने को पढ़ते हुए मुझे लगा कि जैसे मैं किसी यातना शिविर के एक–एक चरण को पूरा कर रहा हूँ। ख़बर की हैडलाइन, कॉपी और प्लेसमेंट ख़बर ख़ुद ही तय कर चुकी थी। ख़बर इतनी भयानक थी कि एक पत्रकार के तौर पर कुछ अलग करने के लिए मेरे पास कुछ नहीं था। ख़ामोश ग़ुस्से से भरी यह हैडलाइन लगाई– सॉरी अम्मा लिख 12 साल की मासूम ने माँ से माँगी माफ़ी, 2 साल से परिवार के ही लोग बेच रहे थे जिस्म। मैं चाहता था कि सुबह हैडलाइन की दहाड़ ही सारे सन्नाटों को तोड़े... हर पत्रकार जानता है कि सिर्फ़ हैडलाइन में ही ख़बर को जीवन देने की शक्ति है।

एक सच और। हम पत्रकार जिन घटनाओं, दृश्यों–दुर्घटनाओं के प्रत्यक्षदर्शी होते हैं उन्हें लिखना पसन्द करते हैं। ऐसी ख़बरों के क्योंकि हम ही गवाह हैं इसलिए हमें लगता है कि सही तथ्य सिर्फ़ हम ही दे सकते हैं। सामान्य कवरेज हो या दिल दहलाने वाली, ख़बरों को रिपोर्ट करते वक़्त हम बहुत कठोर और प्रभावशून्य हो जाते हैं। लेकिन केरल से आयी इस ख़बर को नये सिरे से लिखते–पढ़ते और फ्रंट पेज पर जारी करते वक़्त मुझे बहुत डर लगा था। काले शब्दों में उगे दर्द की कराह पूरी रात मेरी आँखों की पुतलियों में धधकती रही।

03

अग्निकाण्ड

एक ही परिवार के चार लोग जलकर मर गये। उम्र 22 साल से कम। आग में ज़िन्दा जले परिवार की पीड़ा अख़बार के जले हुए फ्रंट पेज पर उतर कर चीख़ रही थी।

अर्थियों की उम्र जितनी छोटी होती है, उनका बोझ उतना ही ज़्यादा होता है

पत्रकारिता की दुनिया कितने आश्चर्यों से भरी हुई है, बतौर पाठक आप इस बात की कल्पना भी नहीं कर सकते। आपके सबसे ज़्यादा सराहे गये काम के पीछे कितनी पीड़ा छिपी हो सकती है, इसका अन्दाज़ा सिर्फ़ और सिर्फ़ रिपोर्टर के जेहन में ही क़ैद रहता है। यहाँ मुख्य कहानी को साझा करने से पहले एक और क़िस्से का ज़िक्र ज़रूरी लगता है। साउथ अफ्रीका के जर्नलिस्ट केविन कार्टर 1993 में अकाल का सामना कर रहे अफ्रीकी देश सूडान पहुँचे। वहाँ वे अकाल के असर को कैमरे में क़ैद करने में लगे थे। अचानक उनकी नज़र भुखमरी से जूझ रही एक अधमरी छोटी बच्ची पर पड़ी। वह लगभग कंकाल में बदल चुकी थी। नज़दीक ही बैठा एक गिद्ध बच्ची की मौत का इन्तज़ार कर रहा था ताकि उसे अपना भोजन मिल सके। कार्टर ने इस दृश्य को कैमरे में क़ैद कर लिया।

दैनिक भास्कर

3 पोते-पोतियों, दादा सहित 5 जिंदा जले

वो चीखते रहे, मदद मांगते रहे... लेकिन दमकलकर्मी पाइप तक नहीं खोल पाए, सीढ़ी ही नहीं लगा पाए

जो देख रहे थे कुछ बनने के सपने

उन्हें उठाने की पीड़ा उतनी ही ज्यादा

बेबस आंखों देखी ; कोई कुछ न कर पाया

ayush

अप्रैल 1994 में कार्टर की इस तस्वीर को पुलित्जर पुरस्कार से नवाज़ा गया। फ़ोटो पूरी दुनिया में सुर्ख़ियों में रही। हालाँकि, इस फ़ोटो को कैमरे में क़ैद करने के बाद से ही केविन का मन ठीक नहीं था। एक इंटरव्यू में केविन ने कहा भी कि इस तस्वीर को लेने के बाद वे काफ़ी देर तक रोते रहे। आख़िरकार इस दर्दनाक मंज़र से

केविन उबर नहीं पाये और उनकी मानसिक स्थिति इतनी ख़राब हो गयी कि उन्होंने मौत को गले लगा लिया। कहानी का सन्देश साफ़ है कि कई बार उपलब्धियों की अलमारियों में आँसुओं के लॉकर को सावधानीपूर्वक सँभालना भी हम पत्रकारों के ज़िम्मे होता है। और किसी भी तर्क प्रणाली के खाँचे में डाले बिना।

हालाँकि जो कहानी मैं अब बताने जा रहा हूँ उसका केविन की कहानी से कोई सम्बन्ध नहीं है, लेकिन दर्द की अनुभूति तो हर त्रासदी, हर पीड़ा में एक जैसी होती है।

कितना भी बड़ा हादसा हो। हमें तो उसके प्रस्तुतीकरण, रचनात्मकता और फैक्ट्स पर काम करना ही पड़ता है। फ़ोटो छाँटने होते हैं। यानी मन में चल रही उथल–पुथल को दरकिनार कर यह निश्चित करना ही पड़ता है कि कैसे ख़बर के दर्द को सब के जेहन तक पहुँचा सकें।

वह 13 जनवरी 2018 की सुबह थी। रोज़ की तरह मेरी नींद फ़ोन कॉल से खुली। आज ज़रा थोड़ा जल्दी। सुबह के 7 बजे होंगे। हमारे क्राइम रिपोर्टर राजेन्द्र गौतम और ओमप्रकाश शर्मा का फ़ोन था। उन्होंने बताया कि विद्याधर नगर के एक घर में भयानक आग लगी है। ऐसी सूचना कोई पहली बार नहीं मिल रही थी। अक्सर अलसुबह हम पत्रकारों की नींद किसी हत्या, हादसे–दुर्घटना या किसी बुरी ख़बर पर खुलती है। ऐसी दुखद ख़बरों से ही अक्सर हमारे कामकाजी दिन की शुरुआत होती है। यह सूचना भी रुटीन सी थी। आग में मरने वालों की संख्या भी हमारी सुनने की क्षमता के अनुसार बहुत कम थी। मैंने पूरी बात सुनकर फ़ोन रख दिया।

ख़बरों की पटकथाएँ हम तक ऐसे ही पहुँचती हैं। कुछ 15 दिन पहले ही सवाईमाधोपुर में यात्रियों से भरी एक बस बनास नदी में जा गिरी थी। 35 मौतें हुईं। उस दिन भी 35 मौतों की ख़बर ने ही मुझे

सोते हुए जगाया था। आज तो सिर्फ़ पाँच मौतें। सच कहूँ तो मौत हमारे लिए बस एक नम्बर है। और यही नम्बर हमारे दिन–प्रतिदिन के कामकाज का बड़ा हिस्सा है। संख्याबल ही घटनाक्रम की तीव्रता का पैमाना है।

ख़ैर... दिन चढ़ने लगा। आग वाले हादसे के अपडेट आने लगे। मामला बहुत दुखद और भयावह था। एक ही परिवार के चार बच्चे व दादा इस अग्निकाण्ड का शिकार हुए। मरने वाले किशोरों में शौर्य, अर्पित, अपूर्वा और अभिषेक थे। उम्र 18 से 20 के बीच। सभी प्रतियोगी परीक्षाओं व अच्छे भविष्य की तैयारियाँ कर रहे थे। एक के बाद एक दर्द को बढ़ाने वाली परतें खुलती जा रही थीं। सबसे दर्दनाक पहलू भी सामने आने लगे। भारी लापरवाहियों और लापरवाहों के ख़ून सने हाथ दिखाई देने लगे। पता चला कि मौक़े पर पहुँचे फायरमैन मात्र 600 मीटर दूर होने के बावजूद घटनास्थल पर एक घण्टे में पहुँच पाये थे। वह भी आधी–अधूरी तैयारी के साथ। दमकल कर्मी चप्पल पहनकर आग बुझाने आये। अनुभवहीन कर्मी आग बुझाने के लिए पानी के पाइप तक फिट नहीं कर पाये। उनके उपकरण भी काम नहीं कर रहे थे।

मन आक्रोशित–सा होने लगा। भीतर–ही भीतर खौलने लगा। आग शॉर्ट सर्किट के कारण लगी। शॉर्ट सर्किट। यक़ीन नहीं हुआ। यह तो किसी भी घर में हो सकता है। बात बड़ी चिन्ताजनक है। अब तक मरने वालों में अपने परिवार के चेहरे नज़र आने लगे। पेशे पर संवेदनाएँ पहले पहल यूँ ही हावी होती हैं। फिर हमें ख़ुद को झकझोर कर काम पर लगना पड़ता है। सो हम लग गये। कितना भी बड़ा हादसा हो। हमें तो उसके प्रस्तुतीकरण, रचनात्मकता और फैक्ट्स पर काम करना ही पड़ता है। फ़ोटो छाँटने होते हैं। यानी मन में चल रही उथल–पुथल को दरकिनार कर यह निश्चित करना ही पड़ता है कि कैसे ख़बर के दर्द को सब के जेहन तक पहुँचा सकें। इसी पसोपेश के बीच डिस्कशन चला कि इस आग की तपन को पाठकों तक कैसे पहुँचाया जाये। कई ऑप्शंस पर चर्चा हुई।

अन्ततः तय हुआ कि हम अपने फ्रंट पेज को जला हुआ डिज़ाइन करेंगे। जो सीधे–सीधे बता सके कि आग कितनी भयावह थी।

हम पत्रकार ख़बरों को चेहरा देना खूब जानते हैं। ख़बरों में इस्तेमाल किए गये प्रतीक और प्रयोगों के अपने मायने हैं। प्रभावशाली प्रस्तुतीकरण भी ज़रूरी था। क्योंकि इन मौतों से जयपुर शहर में एक अजीब सा दर्द और ग़ुस्सा पसरा हुआ था, इसलिए हमने यह ज़िम्मेदारी अपने सीनियर डिज़ाइनर रमनकान्त शर्मा को सौंपी। रमन की कल्पनाशीलता ग़ज़ब की है। संवेदनशील ख़बरों को वो जब चेहरा देते हैं तो पाठक उनसे संवाद करने लगता है। दर्द से भरे फ्रंट पेज को रमन ने बहुत ख़ूबसूरती के साथ जला हुआ डिज़ाइन किया। इस ख़ूबसूरत डिज़ाइन में भयावह आग में जलते परिवार की चीख़ें गूँज रही थी, दर्द का अन्तहीन शोर था और बचाव दल का बर्बर और क्रूर सच साफ़ दिखाई दे रहा था। जिसने भी डिज़ाइन देखा यही कहा– हादसा अख़बार में क्या ऐसी गवाही भी दे सकता है? हम पत्रकार दरअसल दर्द का ही व्यवसाय करते हैं।

हादसा हमारे न्यूज़रूम के भीतर भी अन्दर ही अन्दर कहीं खौल रहा था। फिर फ़ोटो पर चर्चा हुई। यहाँ भी कुछ आप्शंस थे। हमने एक ओर मृतक युवाओं के हँसते–मुस्कुराते चेहरे वाला फ़ोटो व दूसरी ओर उन्हीं की घर से उठती अर्थियों का फ़ोटो एकसाथ लगाने का निर्णय किया। अर्थियों के फ़ोटो पर हेडिंग लिखा गया– अर्थियों की उम्र जितनी छोटी होती है, उनका बोझ उतना ही ज़्यादा होता है। दर्द का इससे ज़्यादा असरदार प्रस्तुतीकरण हम कर भी नहीं सकते थे। जले हुए अख़बार के ले आउट का प्रयोग प्रशासन की बेहोश आत्मा को जगाने के लिए ज़रूरी भी था। दोहरे चेहरों से झूठ के मुखौटे उतारने का यही रास्ता मुझे ठीक लगा।

अगले दिन इस पूरे प्रयोग की सबने तारीफ़ की। सोशल मीडिया पर बहुत–से कमेंट्स मिले। पाठकों ने इसे दिल छू जाने वाला प्रयोग बताया। और मैं.... सोच रहा था कि यह सारी तारीफ़ किस बात की? एक दर्दजदां परिवार की सुलगती पीड़ा को ठीक से अख़बार

में उतारने की...ये हमारे काम् की मजबूरी है। जैसे जज किसी को मृत्युदण्ड देने के बाद क़लम तोड़ देते हैं, ताकि उस क़लम से वैसा फ़ैसला फिर न लिखना पड़े। ठीक वैसे ही मैं दिल से चाहता हूँ कि मुझे ऐसा पेज फिर कभी न बनाना पड़े... सम्भवतः केविन ने भी इसी तरह सोचा होगा, लेकिन थोड़े कमज़ोर पड़ गये।

किसी ने ख़ूब लिखा है– मुख़्तसर सी ज़िन्दगी के अजीब से फ़साने हैं, तीर भी चलाने हैं ...परिन्दे भी बचाने हैं !! इसी सोच के साथ अगले दिन की तैयारी में जुट पड़ता हूँ। एक नयी ख़बर की खड़खड़ाहट से मुठभेड़ करने के लिए। ख़बरों की सरहदों पर कभी युद्ध–विराम नहीं होता है।

04

अन्तिम इच्छा

स्कूल जाने को तैयार बच्चे सड़क हादसे में मारे गये। इनमें से एक बच्ची के अन्तिम संस्कार में पूरी की गयी उसकी हर वो इच्छा, जो कभी उसने माँ–पापा को बतायी थी।

22 साल की मन्नतों से मिली बेटी, सात साल बाद मौत, सपना था-ऊँची कार, पिता ने एसयूवी में शवयात्रा निकाली

जयपुर में वो एक सर्द शाम थी। तारीख़ थी 7 जनवरी, साल 2018। हमेशा की तरह न्यूज़रूम में अच्छी और बुरी ख़बरें दाख़िल हो चुकी थीं और उन्हें काँटने–छाँटने–सँवारने का घमासान जारी था। ताक़तवर ख़बरों की निविदाएँ भी खुल चुकी थीं। कह सकते हैं कि सुबह जो अख़बार पाठकों तक पहुँचना था, उसका चेहरा–मोहरा बन चुका था। तभी इन्दौर की डेटलाइन से एक ख़बर सतह पर आयी और माहौल की सर्दी को अपनी संवेदना भरी आँच से थोड़ा गर्म कर दिया। ख़बर का मजमून था कि 6 जनवरी की सुबह एक सड़क हादसे में चार स्कूली बच्चों की मौत हो गयी। उम्र 7 से 10 साल के बीच। इनमें से एक बच्ची के अन्तिम संस्कार में माँ–बाप ने हर वो इच्छा पूरी की, जो वह 7 साल की बच्ची जीते–जी रखा करती थी।

आमतौर पर माँ–बाप का जीवन ही बच्चों की इच्छाएँ पूरी करने में बीत जाता है, लेकिन यहाँ पूरा मामला अलग था। यहाँ बताना ज़रूरी है कि बच्चों से जुड़ी ख़बरें लिखते या एडिट करते वक़्त बतौर पिता हमारे भी हाथ कँपकँपाते हैं। मेरी भी एक बेटी है और बच्चों से जुड़ी हर बुरी ख़बर पढ़ते वक़्त मैं उसका पिता ही होता हूँ, और कुछ नहीं। इसलिए ऐसी ख़बरें मुझे भी बेचैन करती हैं। पत्रकार और पिता के बीच का अन्तर–सन्तुलन बनाये और बचाये रखना ऐसे मौक़ों पर मुश्किल हो जाता है। कई बार तो फूट–फूटकर रोने का मन करता है। ऐसी ख़बरों की धड़कनें सुनना हर पत्रकार के लिए मुश्किल ही होता है।

ख़ैर, ख़बर पर लौटते हैं। 6 जनवरी 2018 को इन्दौर के एक बड़े स्कूल के चार बच्चों की सड़क हादसे में मौत होती है।

ख़बर कल छप चुकी है। आज यानी 7 जनवरी को इस ख़बर की कई और दर्दभरी परतें खुली हैं। हमारी भाषा में इसे फॉलोअप कहते हैं। यानी घटना के बाद की ख़बर। दरअसल इन चार अभागे बच्चों में एक थी 7 साल की श्रुति, जो रोज़ की तरह तैयार होकर स्कूल जाने के लिए घर से निकली थी लेकिन घर लौट नहीं पायी थी। स्कूल बस और ट्रक की टक्कर की वजह से हुई दुर्घटना में श्रुति की जान चली गयी। नन्ही श्रुति बहुत चंचल और ख़ुश रहने वाली बच्ची थी। वह रंग–बिरंगे कपड़ों की बेहद शौक़ीन थी। माँ–बाप भी उसकी हर बात मानते थे क्योंकि श्रुति 22 साल के इन्तज़ार के बाद बड़ी आरज़ू–मन्नत से उन्हें मिली थी। घर में सम्पन्नता थी तो बच्ची की हर माँग ख़रीद ली जाती थी।

> *बच्चों से जुड़ी ख़बरों में हम पत्रकार कुछ ज़्यादा ही दार्शनिक और मानवीय हो जाते हैं। हमने श्रुति की अन्तिम यात्रा में पूरी की गयी उसकी अन्तिम इच्छाओं पर फोकस किया। एसयूवी में सजी–सँवरी श्रुति की तस्वीर, सुर्ख़–सूजी आँखों से आँसू बहाती माँ, ग़म में डूबे बेहाल पिता।*

मृत्यु से तीन दिन पहले से ही श्रुति एक बड़ी एसयूवी में बैठने की ज़िद कर रही थी। उसने नाम भी बताया था– सफ़ेद रंग की फॉरच्यूनर। अब श्रुति नहीं रही। परिवार कितने और कैसे दर्द से गुज़रा यह शब्दों में बता पाना कठिन है, लेकिन ख़बर के रूप में जो घटित हुआ वो आपसे साझा कर रहा हूँ। श्रुति को अन्तिम यात्रा के लिए वही ड्रेस पहनाई गयी जो उसे बेहद पसन्द थी। रंग–बिरंगी, चमकीली। उसकी अन्तिम यात्रा भी सफ़ेद फॉरच्यूनर में ही निकाली गयी। जैसा वो तीन दिन से कह रही थी। अपनी कहूँ तो सूचनाओं के ढेर में पड़े ये सारे तथ्य दिमागी तनाव ही बढ़ा रहे थे। वैसे भी सुपरमैन की तरह हमने कोई सुरक्षा कवच तो पहना नहीं है, जो हर हमले से हमें बचाए। चाहे फिर वो हमला शारीरिक हो या मानसिक।

अब हमें ख़बर तैयार करनी थी। दुर्घटनाओं से जुड़ी ख़बरों में हम दर्द ही ढूँढ़ते हैं। ताकि इस दर्द की वजह से ही सही, दुर्घटना में हुई ग़लती का दोहराव न हो। वरना ज्ञान और चेतावनियाँ तो लगातार मिलती ही रहती हैं, लेकिन चिन्तित कोई नहीं होता।

इस ख़बर को लेकर डेस्क के सभी साथियों के अपने–अपने तर्क थे। बच्चों से जुड़ी ख़बरों में हम पत्रकार कुछ ज़्यादा ही दार्शनिक और मानवीय हो जाते हैं। बहरहाल, हमने श्रुति की अन्तिम यात्रा में पूरी की गयी उसकी अन्तिम इच्छाओं पर फोकस किया। एसयूवी में सजी–सँवरी श्रुति की तस्वीर, लाल–सूजी आँखों से आँसू बहाती माँ, ग़म में डूबे बेहाल पिता। तस्वीरों में हमने इसी दर्द को दिखाया। हमारी कॉपी–हेडलाइन, तस्वीरें सब ऐसी ही होती हैं। आप कह सकते हैं कि दर्द बेचने का हुनर हम पत्रकारों को बहुत अच्छे से आता है। एसयूवी में श्रुति और पन्ने पर ख़बर सज चुकी थी। हमने इसे फ्रंट पेज पर टॉप फ्लायर लगाया। जैसे किसी के टूटे दिल के टुकड़े बिखरे पड़े हों और हमें उनसे कलाकृति बनानी हो। यही सब कुछ किया। दिमाग़ सुन्न और दिल भारी होने के बावजूद हमने पूरी सतर्कता से यह सबकुछ किया। भरी आँखों से ख़बर के रूप में श्रुति के लिए यही हमारी प्रार्थना थी।

सुबह ख़बर ने अपना असर भी किया। कई लोगों में दुर्घटना की वजह और लापरवाही के बारे में ग़ुस्सा था तो कई भारी मन से इसे पढ़ रहे थे। बहुत–सी प्रतिक्रियाएँ आ रही थीं। हमपेशा साथियों ने हमारी प्रस्तुति, न्यूज़एंगल, हेडलाइन और परोसे गये दर्द की तारीफ़ की। लेकिन ऐसी तारीफ़ों पर हम संवेदनशून्य हो चुके हैं। जैसे किसी का कफ़न और हमारा कैनवास। मैं जानता था, शाम को आदतन मैं न्यूज़रूम लौटूँगा, ऐसी ही दूसरी इन्तज़ार करती ख़बर से मेरा सामना होगा। फिर से ख़बर के एक नये अंकगणित और बीजगणित पर मेहनत करनी होगी। फिर से पत्रकार को अपने भीतर के पिता को ढाढ़स बँधाकर काम पर जुटना होगा। दरअसल ख़बर अच्छी हो या बुरी, सच यही है कि हम पत्रकारों के फेफड़ों

की दरारें एक ही अनुपात में दरकती हैं। मौत और मातम ख़बरों में ऐसे ही बिकता है।

ख़बरों के रीति–रिवाज ऐसे ही हैं। सूरज उगने–ढलने तक घटनाएँ–दुर्घटनाएँ होती रहेंगी। दहशतभरी ख़बरें आती रहेंगी। ख़ौफ़नाक और डरावने सच सामने आते रहेंगे। अगर ईश्वर है तो मेरी उससे एक ही प्रार्थना है कि हे भगवान! अख़बारों के न्यूज़रूम से ऐसी ख़बरें हमेशा के लिए विदा हो जायें।

05

लाइव न्यूज़

न्यूज़ पढ़ना एंकर सुप्रीत का रोज़ का काम है, पर अपने ही पति की मौत की ख़बर पढ़ना बताता है कि पत्रकारिता किस हद तक अचम्भित करने वाला पेशा है।

ब्रेकिंग न्यूज़ : सड़क हादसा... टीवी एंकर सुप्रीत ने लाइव पढ़ी अपने पति की मौत की ख़बर

मैं आँधियों के पास तलाश–ए–सबा में हूँ,
तुम मुझसे पूछते हो मिरा हौसला है क्या

–अदा जाफ़री

यह कतई पत्रकारिता के महिमामण्डन की कहानी नहीं है। लेकिन पत्रकारों की शुद्धता जाँचने या उनके किसी भी आकलन से पहले हौसले की इस बानगी का आपकी निगाहों से गुज़रना ज़रूरी है। बेशक चमचमाती टीवी स्क्रीन पर रोशनी भरे कैमरों के पीछे हरेक चेहरा ख़ूबसूरत नज़र आता है। लेकिन सच के इस उजाले को सामने लाने के लिए राह बड़ी जुनूनी है। ख़ासतौर पर महिला पत्रकारों के लिए जिनकी भूमिका के साथ यह मिथक जुड़ा है कि वे टीवी पत्रकारिता का ग्लैमर कोशंट हैं।

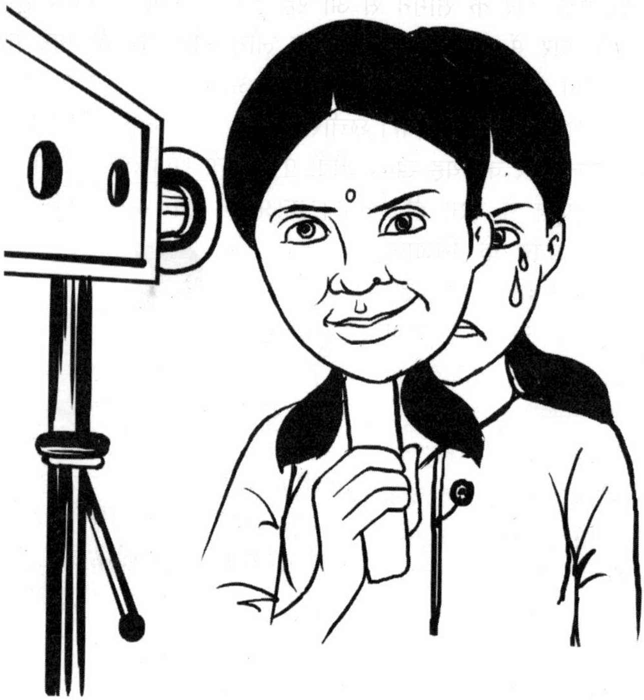

कभी–कभी तो चुनौतियाँ यहाँ इतनी चौंकाने वाली होती हैं कि उनकी कल्पना भी नहीं की जा सकती। इसे समझने के लिए ज़रा इस ख़बर पर गौर कीजिए। इसके आगे, पीछे की जब परतें खुलेंगी तो सस्पेंस किसी थ्रिलर फ़िल्म की तरह खुलेगा। थोड़ा डराने, हैरान करने वाला और अविश्वसनीय सा। डराने वाला इसलिए कि इस ख़बर में एक दर्दनाक सच्चाई है। हैरान करने वाला इसलिए कि सच्चाई क्या ऐसे भी बयाँ की जा सकती है? और अविश्वसनीय इसलिए कि ख़बरों की इस दुनिया में पत्रकारों के साथ क्या ऐसा भी हो सकता है? यह कहानी दिल में हलचल मचाकर रख देगी।

घटना अप्रैल 2017 की है। छत्तीसगढ़ के महासमुन्द ज़िले के पिथौरा क्षेत्र की। यहाँ के लहरोद गाँव के पास नेशनल हाइवे

353 पर एक कार के सामने से आ रहे ट्रक से भीषण टक्कर हुई। हादसे में कार में सवार 5 में से तीन लोग मौके पर ही मारे गये और दो को गम्भीर हालत में नज़दीकी अस्पताल ले जाया गया, जहाँ उनकी भी मौत हो गयी। छत्तीसगढ़ के चैनल आईबीसी 24 की एंकर सुप्रीत कौर को यह ख़बर टीवी पर पढ़नी थी। तमाम तैयारियों के बाद सुप्रीत ने ऐसा ही किया। दरअसल एक अच्छी एंकर के हाव–भाव ख़बर के मिज़ाज के अनुसार बदलते रहते हैं। क्योंकि यहाँ ख़बर दुर्घटना की थी, इसलिए सुप्रीत के चेहरे पर गम्भीरता थी। कुछ कठोरता भी। सजग तो वह पहले ही थी। महासमुन्द जैसे क्षेत्र में पाँच लोगों की मौत की ख़बर जैसे पढ़ी जानी चाहिए, वैसे उसने पढ़ी भी। यह ख़बर का एक चेहरा है, जो सबने देखा। अब ख़बर के दूसरे चेहरे पर ग़ौर कीजिए। सावधान! ख़बर के इस दृश्य में पत्रकारिता के प्राण छिपे हैं।

> *दुर्भाग्य से उसे वही पता चला जिसका डर था। मरने वाले तीन युवकों में एक उसका पति भी था। वही उसकी ज़िन्दगी भी। सुप्रीत अब फूटफूट कर रोने लगी। यह क्या? अपनी पूरी दुनिया तबाह होने की ख़बर पहले तो उसे पता ही बहुत चौंकाने वाले अन्दाज़ में चली। और जाने अनजाने उसने सबको बता भी दिया, ख़ासकर तब जब वो ख़ुद ही इस हादसे से अनजान थी।*

अब यहाँ कुछ हैरान करने वाले तथ्य प्रस्तुत हैं, जो इस ख़बर की दूसरी ख़बर है। दो या ढाई मिनट में सुप्रीत ने मौत की यह पूरी ख़बर दर्शकों को सुना दी मगर उसके भीतर एक उथल–पुथल शुरू हो चुकी थी। सुप्रीत को ख़बर पढ़ते–पढ़ते शक हुआ कि घटना का उससे कोई–न–कोई कनेक्शन तो है। उसके दिमाग में कुछ पकने लगा था। कुछ तो गड़बड़ है। वो कुछ समझ पाती, उस ख़बर के लिए तय किया गया स्लॉट यानी ख़बर का

निर्धारित समय पूरा हो गया। बुलेटिन ख़त्म होने के बाद, इसे एक महिला का स्वाभाविक लगाव कह लीजिए या एक ख़बरनवीस का न्यूज़ सेंस, सुप्रीत ने तुरन्त ख़बर की पड़ताल शुरू कर दी। और दुर्भाग्य से उसे वही पता चला जिसका डर था। मरने वाले पॉच युवकों में एक उसका पति भी था। वही उसकी ज़िन्दगी भी। सुप्रीत अब फूटफूट कर रोने लगी। यह क्या? अपनी पूरी दुनिया तबाह होने की ख़बर पहले तो उसे पता ही बहुत चौंकाने वाले अन्दाज़ में चली। और जाने–अनजाने उसने सबको बता भी दिया, ख़ासकर तब जब वो ख़ुद ही इस हादसे से अनजान थी।

यह सही है कि पत्रकार कठोर होते हैं, लेकिन सुप्रीत के लिए यह ख़बर सदमा लेकर आयी। आज उसने अपने जीवन की सबसे बुरी ख़बर पढ़ी थी। सुप्रीत रो रही थी। ख़बर के विस्पफोट ने उससे उसका पति छीन लिया था। जिम्मेदारी अब दुख में बदल चुकी थी। एक पत्रकार के लिए कुछ असाइनमेंट पर काम करना बहुत मुश्किल होता है, लेकिन पेशा ही कुछ ऐसा है कि कठिन फैसले लेने होते हैं। ख़बर को ब्रेक करने की जल्दी, डेडलाइन और सम्पादकों की उम्मीद के मुताबिक स्टोरी फाइलिंग पत्रकारों को पागल सा बना देती है। ये हमारे पेशे की पारम्परिक चुनौतियाँ हैं। और हम सिर्फ़ इतना जानते हैं–हमारे न्यूज रूम में दो तरह की ख़बरें ही दाखिल होती हैं। एक अच्छी ख़बर और दूसरी बुरी ख़बर।

अब इस ख़बर से पत्रकार के तौर पर मेरा लेना–देना। यह ख़बर शाम को एजेंसी से रिलीज भी हो गयी। तय था कि फ्रंट पेज पर बॉटम यानी प्रमुखता से लगानी है। लगा भी दी। ख़बरों के साथ–साथ मैं भी बहने लगा था। मेरे भीतर एक सनसनी सी महसूस होने लगी। सोचने लगा कि सुप्रीत ने ख़बर वैसे ही पढ़ी होगी जैसी उसे पढ़नी चाहिए थी। हम सब ऐसा ही करते हैं। हादसों की ख़बरों में हम नाम ज़रूर देते हैं। घायलों का भी और मरने वालों का भी। वजह होती है कि सूचनाएँ उनके परिजनों–जान–पहचान वालों तक पहुँच जायें। घायलों और मृतकों के नाम में हम भी अपनों का नाम

न चाहते हुए भी तलाशने लगते हैं। क्योंकि जहाँ, जिस शहर में हम लोग कुछ समय रह लेते हैं, वहाँ हमारा एक दायरा बन ही जाता है। और इत्तेफ़ाक़ देखिए कि शाम को अख़बार बनाते वक़्त हमारे लिए ख़बर बनने वाले लोग इसी दायरे या चेन का हिस्सा बन जाते हैं। या हम उन्हें पर्सनली जानते हैं, या प्रोफ़ेशनली। दोनों ही मामलों में ख़बर में उनका नाम लिखते वक़्त उनका चेहरा हमारी आँखों के सामने होता है। कई बार फटी–फटी आँखों में शोक भी उतरता है, लेकिन दावे के साथ कह सकता हूँ, ख़बर के पूरे ढाँचे पर इस बात का कोई फ़र्क़ नहीं पड़ता। मौत हो या हादसा... एक पत्रकार के तौर पर हमारे लिए बस एक ख़बर, ख़बर ही होती है। और हादसों में मौत की संख्या ही ख़बर का मुख्य केन्द्र बिन्दु होती है।

सुप्रीत अभी भी पत्रकार है। उनमें ख़बरें सबसे पहले और जल्दी देने की छटपटाहट अब भी वैसे ही है। हम सब समझ सकते हैं कि उस दिन उन पर क्या गुज़री होगी। आज भी उस दिन अपने पति को खोने का दर्द उनके भीतर ज़िन्दा है। लेकिन वो आज भी हादसों की ख़बर पढ़ती हैं। दुर्घटनाओं का पोस्टमॉर्टम करती हैं। प्रश्नों का उत्तर देती हैं। पत्रकारिता और पत्रकारों पर आपके कई सवाल हो सकते हैं, आरोप भी। लेकिन पत्रकारिता की पवित्रता तो सुप्रीत के उसी धर्म से पूरी होती है, जो उन्होंने निभाया। ऐसी ही ख़बरें पत्रकारिता का नक्शा, ब्लूप्रिंट और मॉडल भी है।

पत्रकारिता की जिम्मेदारियों बताने वाले इस उदाहरण ने ब्रेकिंग की नयी परिभाषा भी कायम की है। संवेदनाओं की इसी ताक़त को दुनिया के तमाम दार्शनिक और मनोवैज्ञानिक भी नमन करते हैं।

अन्त, प्लेटो की इस पंक्ति के साथ– मनुष्य का व्यवहार तीन मुख्य स्रोतों से प्रवाहित होता है– इच्छा, संवेदना और ज्ञान। हेलन केलर के इस प्रचलित कोट को किसने नहीं सुना– दुनिया की सबसे ख़ूबसूरत चीज़ों को न देखा जा सकता है और न छुआ जा सकता है, उन्हें तो बस दिल से महसूस किया जाना चाहिए। और यक़ीन जानिये महसूस करने की इसी ताक़त ने पत्रकारों को ज़िन्दा बनाये रखा है।

वर्ना हरेक हादसे और घटना के साथ आत्मा तो हर दिन मरती है। एक सच और। सुप्रीत ने अपने पति की मौत की जो ख़बर दुनिया को सुनाई, वही जिम्मेदारी पत्रकारिता का सच्चा रोज़नामचा है। और हाँ, यह कोई रोमांच नहीं बल्कि हमारे समय का सबसे बड़ा साहस है। इस सच्ची कहानी को पढ़कर आपका इकलौता दिल सुप्रीत के लिए धड़का क्या?

06

यौन उपद्रव

दुष्कर्म की इस ख़बर से न्यूज़रूम ग़ुस्से में था। राजस्थान में रेप के बढ़ते मामलों पर चलाई गयी सीरिज़, नतीजा हर ज़िले में सरकार को पॉक्सो अदालतें खोलनी पड़ीं।

डायपर पहनी दो साल की बच्ची से दुष्कर्म, अपनी बच्ची को एक डर के साथ बड़ा कर रहा हूँ मैं...

अख़बारों मे दुष्कर्म की ख़बरें कोई नयी नहीं हैं। पत्रकारों के लिए इन ख़बरों को सम्पादित करना, पढ़ना और इन अमानवीय ख़बरों को मानवीय बनाना, रोज़ का काम है। मानवीय इसलिए बनाना पड़ता है ताकि उन्हें ठीक से पाठक तक रख सकें। यह हमारी दिनचर्या का हिस्सा है। लेकिन कई बार बहुत मुश्किल होता है कुछ ख़बरों को अख़बार के काग़ज़ पर उतारना। ऐसी निर्मम और क्रूर ख़बरें तनाव की सारी सीमाएँ तोड़ देती हैं।

राजस्थान के राजसमन्द के एक गाँव से आयी दो साल की बच्ची से दुष्कर्म की ख़बर भी ऐसी ही एक ख़बर थी। जिसने दिलो–दिमाग़ को हिलाकर रख दिया था। राजसमन्द थाने में दर्ज एफआईआर का मजमून कुछ इस तरह था– मेरी बेटी दो साल की है। अभी ठीक से चल भी नहीं पाती। डायपर पहने रहती है। पड़ोस में खेलने गयी

थी। हमारे ही एक पड़ोसी ने उसके साथ दुष्कर्म किया। इस पूरी एफआईआर में दिमाग़ को हिला देने वाले कई पहलू थे। पहले तो बच्ची की हालत देखकर माँ–बाप अन्दाज़ा नहीं लगा पाये कि इतनी ब्लीडिंग क्यों हो रही है। फिर जब डॉक्टर के पास गये तब उन्हें पता चला कि बच्ची के साथ दुष्कर्म हुआ था। पुलिस की जाँच में पाया गया कि जिस पड़ोसी ने यह पाप किया था, वह बच्ची के पिता का हमउम्र ही था। जो रोज़ उसके साथ बात करता और खेलता था। आप अन्दाज़ लगा सकते हैं कि पूरा न्यूज़रूम इस घिनौनी घटना से किस कदर क्रोध और दर्द की गिरफ़्त में रहा होगा। नतीजतन इस ख़बर का ट्रीटमेंट भी हम वैसे ही करने वाले थे, जैसे इतनी गम्भीर

ख़बरों का करते हैं। यानी फ्रंट पेज पर लीड लगाकर। हैडलाइन का ताना–बाना भी इसी दरिन्दगी और राक्षसी प्रवृत्ति के आसपास बुना गया। डायपर पहनी बच्ची से बलात्कार– यह शब्द बार–बार हमें बेचैन कर रहा था। पीड़ित बच्ची के चेहरे ने दिमाग़ को सुन्न कर दिया। एक पत्रकार होने के नाते मैं उस माँ के दर्द को जीने लगा। मैं पत्रकार से पिता हो गया था।

तमाम विचार–विमर्श के बाद ख़बर पेज पर लग गयी। लेकिन यह पर्याप्त नहीं था। बच्ची की फटे कपड़े और चबाये हुए होंठ की तस्वीर सिर्फ़ एक ख़बर तक सीमित नहीं हो सकती। यह एक अलार्म जैसा दिख रहा था, जो शोर मचाकर बताना चाह रहा हो कि जाग जाओ वरना इस ख़बर में कभी आपकी बच्ची भी नामजद हो सकती है। ऐसा लगा कि ख़बरों से तो अख़बार का पन्ना भर गया, लेकिन बलात्कार की इस दर्दनाक कहानी की नींव अभी खाली है।

> *रेप केसेज हों या पॉक्सो एक्ट। हमारे यहाँ ऑन रिकॉर्ड रेप का हर चौथा और पॉक्सो एक्ट का हर छठा आरोपी सुस्त सबूतों के आधार पर छूट जाता है। इधर पत्रकारिता में कोर्ट कुछ चुनिन्दा टैबू विषयों में से एक है। इस पर आसानी से कोई बात नहीं करता। शायद इसीलिए आदेशों, सज़ाओं, फ़ैसलों के सिवाय अख़बारों के शब्दकोश अदालत के लिए बहुत सीमित हैं।*

मुझे लगा कि इसे मुद्दा बनाना चाहिए। असल में बीमारी हमें पता थी और अक्सर पता होती ही है। अब ध्यान इलाज़ की ओर था। इस सिलसिले में थोड़ी रिसर्च की और दुष्कर्म के सम्बन्ध में राजस्थान के आँकड़े खँगाले तो राज्य के सुनहरे भविष्य का यह भयावह वर्तमान नज़र आया। हर ज़िले से औसतन रोज़ एक–दो दुष्कर्म की ख़बरें, रेप के मामलों में राजस्थान तीसरे नम्बर पर और बच्चियों से रेप की घटनाओं में टॉप 10 में मिला। इसके साथ ही रेप के मामलों में

इतनी 'तरक़्क़ी' के बावजूद पूरे राज्य में तब पॉक्सो की केवल एक ही अदालत थी। बहुत सम्भव है कि आप जब यह कहानी पढ़ रहे हों तो रेप से जुड़े यह नम्बर और बढ़ जायें। लेकिन हाँ हम तब भी और आज भी पिछड़े हैं तो केवल दुष्कर्मियों को सज़ा दिलाने में। रेप केसेज हों या पॉक्सो एक्ट। हमारे यहाँ ऑन रिकॉर्ड रेप का हर चौथा और पॉक्सो एक्ट का हर छठा आरोपी सुस्त सबूतों के आधार पर बाइज़्ज़त छूट जाता है। इधर पत्रकारिता में कोर्ट कुछ चुनिन्दा टैबू विषयों में से एक है। इस पर आसानी से कोई बात नहीं करता। शायद इसीलिए आदेशों, सज़ाओं, फ़ैसलों के सिवाय अख़बारों के शब्दकोश अदालत के लिए बहुत सीमित हैं। हमने इन फ़ैसलों से आगे बढ़ने का निर्णय लिया। अदालत अगर नहीं हैं, या कम हैं तो न्यायप्रक्रिया पर सीधे–सीधे असर पड़ता है। बच्चियों से दुष्कर्म के मामलों में यही हो रहा था और पॉक्सो अदालतों को घोषित संख्या पर लाकर ऐसे मामले रोकना ही हमारी मुहिम थी जिसका मकसद था– राजस्थान के हर ज़िले में एक पॉक्सो अदालत। जैसा कि सरकार ने कई बार कहा था लेकिन अब करने की बारी थी।

ऐसे में हमने रेप पर एक सीरिज़ शुरू की और दुष्कर्म से जुड़े हरेक पहलू को कवर किया। पहली ख़बर के रूप में छापा कि किस तरह पॉक्सो अदालतें न होने से दुष्कर्मी छूट रहे थे। इस ख़बर का हेडिंग था– 6 साल से हर ज़िले में नहीं खुल पाये पॉक्सो कोर्ट, दुष्कर्मियों पर इतना रहम क्यों? हमारे रिपोर्टर्स की पड़ताल बता रही थी कि राज्य में पाँच सालों में दुष्कर्म के 16,393 केस सामने आये थे जिनमें 13,036 आरोपियों को गिरफ़्तार किया गया। 8,273 के ख़िलाफ़ चार्जशीट पेश हुई, लेकिन सज़ा सिर्फ़ 2,475 आरोपियों को ही मिल पायी। इधर, 2012 में आये पॉक्सो एक्ट के तहत सभी ज़िलों में बच्चों से दुष्कर्म के मामलों की सुनवाई के लिए विशेष कोर्ट खोले जाने थे। लेकिन 6 साल बीतने के बाद भी अब तक सिर्फ़ जयपुर में ही पॉक्सो अदालत खुल पायी थी। सोचिए ज़रा जहाँ 12 साल से

कम उम्र की नाबालिग से दुष्कर्म पर फाँसी का प्रावधान है, लेकिन जिन अदालतों को यह सज़ा सुनिश्चित करनी थी वे अस्तित्व में ही नहीं थीं और न्याय के लिए यह लम्बा इन्तज़ार ही दुष्कर्म आरोपियों के लिए रहम बना था। न्याय व्यवस्था पर भारी पड़ते इन गुनहगारों के प्रति लोगों में भारी ग़ुस्सा था। अपने पहले क़दम पर मिली सकारात्मक प्रतिक्रिया ने हमारा हौसला काफ़ी बढ़ाया।

आगे बढ़ते हुए सीरिज़ के दूसरे हिस्से के रूप में हमने एक 15 वर्षीय रेप पीड़िता की चिट्ठी छापी। बच्ची ने आठ साल की उम्र में हुए रेप के दर्द को शब्दों में उतारा था। आप कल्पना नहीं कर सकते कि उसकी आपबीती लिखते हुए दिल को कितनी तकलीफ़ पहुँची थी। बच्ची ने दर्द के अपने अनुभवों को जिस तरह से शब्द दिये थे, कोई पत्थर दिल भी उन्हें पढ़कर रो पड़ता। इस चिट्ठी पर हमें काफ़ी भावुक प्रतिक्रियाएँ मिलीं। लोगों ने न केवल पीड़िता के प्रति सहानुभूति जताई बल्कि वे अपनी बच्चियों की सुरक्षा को लेकर काफ़ी फ़िक्रमन्द थे। सीरिज़ के तीसरे हिस्से के लिए हमने यह पता लगाने की कोशिश की कि ज़्यादातर रेप कहाँ हुए थे और रेपिस्ट कौन थे इस सवाल की पड़ताल के लिए हमने रेप की 743 एफआईआर अपनी रिपोर्टर पूजा शर्मा को सौंपीं।

एफआईआर पढ़ने के बाद वह स्टोरी पर और रिसर्च करना चाहती थीं। पूजा ने कई रेप पीड़िताओं से मुलाक़ात की। इंटरनेट की मदद ली। ख़बर पूरी होने के बाद उसने मुझे बताया कि यह कवरेज उसके लिए बेहद मुश्किल रहा। रेप पीड़िताओं से बात करना उसे नर्वस करता था। उन्हें अपने भरोसे में लेना और उनसे बात करना आसान नहीं था। ये तो काम की चुनौती थी लेकिन जब पीड़िताएँ धीमे–धीमे अपने दर्द की परतें खोलतीं तो पीड़ा का समन्दर गहरा होता चला जाता। ज़्यादातर पीड़िताएँ नीचे देखते हुए, रोते हुए या पैर के अँगूठे से ज़मीन को कुरदते हुए बात करती थीं। बिना किसी ग़लती के उनके चेहरे पर शर्मिन्दगी उनकी बेबसी को बयाँ करती थी। बकौल पूजा, यह वाक़ई मुश्किल था। कई दिनों तक यह सब

उसके दिमाग़ पर हावी रहा। बच्चियों की कहानियाँ तो उसे रुला देती थीं। पीडिताओं की ज़िन्दगी बोझ हो गयी थी।

रिपोर्ट पूरी होने पर उसने मुझे बताया कि यह बहुत संवेदनशील मसला था। हर स्क्रिप्ट में एक जैसे किरदार और कहानियाँ थीं। ज़्यादातर मामलों में परिचितों ने ही पीड़िताओं के साथ ज़्यादती की थी। यहाँ तक कि घटनास्थल भी एक ही था। मैंने उससे पूछा बच्चियों के लिए ख़तरनाक जगह कौन–सी है। इसका जवाब मिला– घर।

मेरा दूसरा सवाल था–

सबसे असुरक्षित हाथ कौन–से हैं? जवाब मिला– हमारे अपनों के हाथ। पड़ताल में पता चला कि 55 प्रतिशत मामलों में घर

बच्चियों के लिए सबसे ख़तरनाक जगह बने हुए थे और रेपिस्ट में उनके अपने यानी पिता, भाई, दादा जैसे रिश्ते, रोज़ घर आने वाले नज़दीकी परिचित शामिल थे। घर के अलावा ट्यूशन सेंटर और धार्मिक स्थल भी इस पाप से बच नहीं पाये थे। ख़बर को हेडलाइन दी गयी– जब मेरा रेप हुआ तब मैं...। इसके साथ ही हमने इस ख़बर में घटनास्थल को दर्शाने के लिए कमरे की दीवार व सीढ़ियाँ भी लगायी और वहाँ लिखा काश! वे दीवारें, कमरे, सीढ़ियाँ भी गवाही दे पाते। वाक़ई... ये अगर गवाही दे पाते तो... कहते हाँ! मैंने देखा है तुम्हें वो गुनाह करते हुए। उस बच्ची से दुष्कर्म करते हुए। ख़बरें पत्रकारों की आत्मा का आईना हैं इसलिए ख़बर के भीतर छिपे निष्ठुर सच को चेहरा देना जरूरी हो जाता है। अक्सर चेहरे ख़बर के तीखे सवाल होते हैं।

सच कहूँ तो हम पत्रकारों को दर्द को प्रस्तुत करने की कला भी बख़ूबी आती है। तकलीफ़ का प्रस्तुतीकरण जितना शानदार होगा, उतनी ही ज़ोर से आप आह भर पायेंगे। भले ही भीतर से हम कितने भी परेशान क्यों न हों, लेकिन इस कला के साथ काम करने के हम अभ्यस्त हैं। दूसरे दिन यह रिपोर्ट न केवल ख़ूब पढ़ी गयी, सराही गयी बल्कि लोगों को चौंकन्ना भी कर गयी। इसी तरह एक के बाद एक हमने आक्रामक ढंग से कई पहलुओं को उठाया।

इस पूरी प्रक्रिया में हज़ारों पाठकों के फ़ोन कॉल्स, चिट्ठियाँ व मैसेज हमारे पास पहुँचे और उन्होंने न केवल इस कैम्पेन का समर्थन किया बल्कि इस दर्द में साझेदारी भी जताई। लोग बेचैन थे, ग़ुस्से में थे, हताश थे, नाराज़ थे और उम्मीदमन्द भी थे कि शायद इस क़दम से न्याय की प्रक्रिया में तेज़ी आयेगी। यह किसी फ़िल्म की काल्पनिक कहानी नहीं थी, बल्कि यह एक ऐसा सच था जिससे हर घर–परिवार जुड़ा था।

इस प्रक्रिया में कई पीड़िताओं के दर्द से हम रूबरू हुए। पीड़ा का वह मंज़र वाक़ई रोंगटे खड़े कर देने वाला था। एक पीड़िता ने लिखा–एक जेबकतरे और एक दुष्कर्म पीड़िता को न्याय के लिए

एक जैसा केस नम्बर मिलता है। सोचिए... बलात्कारी और जेबकतरे के जुर्म और उसके असर का फ़र्क़ जब सिस्टम समझ ही नहीं पा रहा था तो उसे महसूस कहाँ कर पाता। ख़ैर, सिलसिलेवार छपी आक्रामक ख़बरों के बाद अन्ततः राज्य सरकार को एक के बाद एक हर ज़िले में पॉक्सो अदालतें खोलने के आदेश जारी कर दिये। नये, सुकून और सुरक्षा देने वाले फ़ैसले भी आने लगे।

राज्य में बच्चियों से दुष्कर्म पर पहली फाँसी की सज़ा अलवर के एक आरोपी को हुई। फ़ैसले नज़ीर बने इसलिए कई पॉक्सो अदालतों ने यह नज़ीर दोहराई। बताना चाहूँगा कि महिला मुख्यमन्त्री होने के नाते हमें वसुन्धरा राजे से फेवर मिला क्योंकि उन्हें हमारी ख़बर का मर्म समझ आ गया था। एक लम्बी बातचीत में मैंने निजी तौर पर भी उन्हें यह बताया कि हमारा इतनी आक्रामक ख़बरों की सीरिज़ करने का मकसद क्या था। इस बीच जब मैंने अपने 7 साल की बच्ची के पिता होने का हवाला दिया तो मुख्यमन्त्री ने भी ख़ुद को माँ, बहन और दादी बताकर मुझसे इत्तेफ़ाक़ रखा।

चिन्ता और डर की इस कश्ती में एक पत्रकार और एक मुख्यमन्त्री साथ–साथ सवार नज़र आये। यह पल मेरे कामकाजी जीवन का एक बहुत महत्त्वपूर्ण पल था। आज राजस्थान के हर ज़िले में पॉक्सो कोर्ट खुल रही हैं। कई ज़िलों में एक से ज़्यादा भी खुलेंगी। बच्चियों के दुष्कर्मियों को फाँसी की सज़ा भी सुनाई जा रही हैं और मुझे इस बात की बेहद ख़ुशी और सन्तोष है कि मेरे अख़बार (दैनिक भास्कर) के साथ–साथ राजस्थान की बच्चियों के लिए यह महाबदलाव कर पाने का एक निमित्त मैं भी बना। अन्ततः यह मेरे लिए एक मिशन की तरह था।

एक पत्रकार के तौर पर मेरी एक भूमिका ख़त्म। दूसरी भूमिका की तलाश शुरू हो गयी। यह सब होने के काफ़ी दिन बाद एक ऑफ़िस टूर पर मैं जोधपुर जा रहा था। रास्ते में चाय पीने के लिए गाड़ी एक ढाबे पर रोकी। यहाँ एक 6–7 साल की बच्ची अपने पिता की चाय की दुकान में हाथ बँटा रही थी। शाम के 7 बजे थे। पिता

ने बच्ची को आवाज़ देकर कहा– जल्दी घर चली जाना। देर हो रही है। अँधेरा होने को है। मैंने बरबस ही उससे पूछ लिया– क्या ये अकेली चली जायेगी? डरेगी नहीं? चाय बनाते–बनाते वो बोला– ठीक कहते हो साब। कुछ देर में इसकी माँ आयेगी। उसके साथ ही भेज दूँगा घर। चाय पीते–पीते मुझे लगा कि क़ानून, कचहरी सब अपनी जगह हैं लेकिन जब तक समाज से ये शिकारी भेड़िए ख़त्म नहीं होंगे, यह डर नहीं जायेगा। बच्चियों के सुखद–सुरक्षित भविष्य का सपना फ़िलहाल सपना ही है।

एक पत्रकार के तौर पर मैं यह भविष्यवाणी करने की स्थिति में नहीं हूँ कि आगे क्या होगा। बच्चों से बलात्कार की ख़बरें क्या आनी बन्द हो जायेंगी? ईमानदारी से अपने अनुभवों के आधार पर कह रहा हूँ कि दो दिन बाद फिर ऐसी ही कोई ख़बर हम तक पहुँचेगी। हम संवेदनाओं की छलनी में छानकर उसे बस आगे अख़बार के पन्ने पर पहुँचा देंगे। सारे तथ्य, सारी डिटेल्स, सारी ध्वनियाँ सही हों, कुछ छूट न जाये यहीं तक मेरा ख़बर से रिश्ता है।

एक बात और। मेरी नौ साल की बेटी है। एक सुबह अख़बार पढ़ते वक़्त वह मेरे पास आयी। चहकते हुए बोली– बापू, आपके न्यूज़पेपर में जितनी भी तस्वीरें छपती हैं वे सारी रंगीन होती हैं। घटना चाहे दुख भरी हो या खुशियाँ बिखेरती। ऐसा क्यों? उसके इस सवाल से एक थरथराहट मेरे भीतर हुई; जवाब में मेरे होंठ बस हिले, मैंने कहा– ख़बर का कोई रंग नहीं होता। आप झूठ बोलते हो, उसने कहा!!! उसी दिन अख़बार के फ्रंट पेज पर पाली (राजस्थान) से आयी छह साल की बच्ची से बलात्कार की ख़बर प्रमुखता से छपी थी। और सभी आरोपियों की तस्वीरें भी रंगीन थीं।

07
क्रूरता

यह ख़बर अमानवीयता की ब्रेकिंग थी। इसे पढ़कर न्यूज़रूम में बैठे हर पत्थरदिल पत्रकार का मन लापरवाह डॉक्टरों को शब्दों से लहूलुहान करने को तड़प उठा।

नर्सिंग स्टाफ ने प्रसव के दौरान बच्चे को इतनी ज़ोर से खींचा कि धड़ बाहर और सिर कोख में ही रह गया

पत्रकारों के बारे में अक्सर कहा जाता है कि अपने पेशे के कारण वे मानवीय पीड़ा के प्रति संवेदनहीन हो जाते हैं। यह ऐसा सवाल है जो सालों से पत्रकारों का पीछा कर रहा है। इस सवाल का सीधा जवाब भी नहीं है लेकिन बतौर पत्रकार मैं कह सकता हूँ कि पत्थरदिल पत्रकारों के दिल भी दूसरों के दर्द में धड़कते हैं। ख़बर की कराह हमें भी बेचैन करती है। बहुत–सी ख़बरें हैं जहाँ हम सालों में कमाया अपना सन्तुलन और धैर्य खोने लगते हैं और तब किसी बाहुबली की तरह व्यवस्था के जालिमों को गिराकर पीटने का मन करता है। लेकिन दूसरा सच है कि वास्तविकता में ऐसा कभी नहीं होगा। क्योंकि हमारे बलप्रयोग के मायने और माध्यम शब्द ही हैं। हाँ... गुस्से की तापमापी हमारी हैडलाइन और

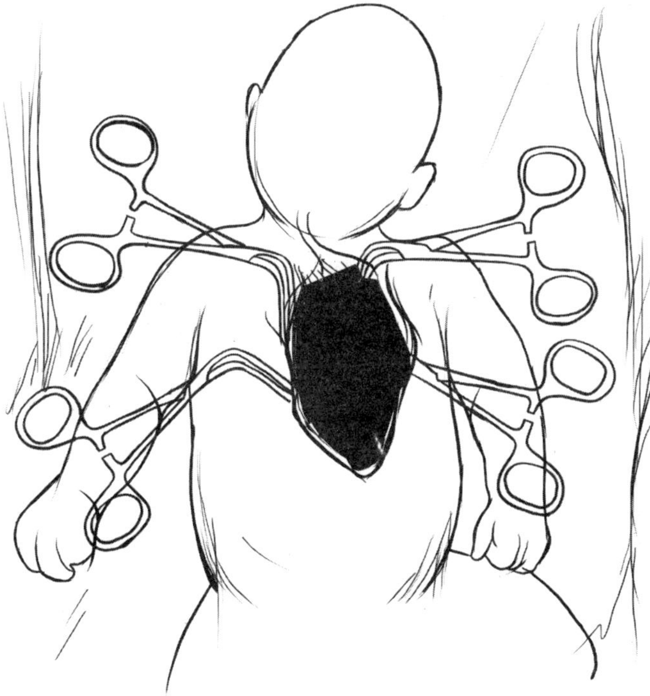

प्रस्तुतीकरण व कॉपी होती है। प्रहार करते शब्द ही हमारी सबसे बड़ी ताक़त हैं।

पत्रकार होने का यह क़तई मतलब नहीं है कि आपने किसी आयरनमैन की तरह सुरक्षा कवच पहना हुआ है। चुनौतियाँ, चिन्ताएँ और सीमाएँ हमारी भी हैं। सदमा पत्रकारों के लिए वंशागत जोखिम है। ख़बरों के परेशान करने वाले दृश्य कई बार हमें भी डरा देते हैं। दिमाग़ और शरीर सुन्न कर देते हैं। यह ऐसी ही ख़तरनाक, डरावनी और सदमों में डालने वाली ख़बर है। इस ख़बर का सम्पादन करते वक़्त दिल तेज़–तेज़ धड़कने लगा था। शरीर पसीने–पसीने हो गया था। जैसलमेर के सरकारी अस्पताल से आयी इस कहानी को पढ़ते

हुए आप ख़ुद ही तय करें कि शब्दों से ही सही, क्यों न ग़ुस्से का शिकार बनाकर व्यवस्था को निचोड़ दिया जाये। इस कहानी का हर पात्र ख़तरनाक अपराधी है।

अब कहानी पर फोकस करते हैं। कहानी दर्दनाक और सनसनीखेज है। जैसलमेर के रामगढ़ के सरकारी अस्पताल में प्रसव के दौरान नर्सिंगकर्मियों ने रूह कँपा देने वाली हरकत की। उन्होंने पैदा होते एक शिशु के पैर इतनी ज़ोर से खींचे कि उसके दो टुकड़े हो गये। बच्चे का धड़ तक का हिस्सा तो बाहर आ गया लेकिन सिर अन्दर ही रह गया। हद तो तब हो गयी कि बच्चे के दो टुकड़े होने के बारे में नर्सिंगकर्मियों ने प्रसूता व उसके परिजनों को कुछ नहीं बताया और उन्हें जल्दबाज़ी में जैसलमेर रैफर यह कहते हुए कर दिया कि हमारे यहाँ डिलीवरी के सारे संसाधन मौज़ूद नहीं हैं। प्रसूता की जान को ख़तरा हो सकता है। नर्सिंगकर्मियों ने नवजात का धड़ भी छिपा दिया।

> *थोड़े हैरान और सकपकाये डॉक्टरों ने सारी रिपोर्ट पढ़ीं, जाँच की और इस निष्कर्ष पर पहुँचे कि कोई–न–कोई जानलेवा लापरवाही तो हुई ही है। पूरी जाँच के बाद पता चला कि बच्चे का धड़ यानी गर्दन के नीचे का भाग पहले ही बाहर निकाला जा चुका है।*

अस्पताल कर्मियों की भय से भरी सलाह से घबराए प्रसूता के परिजन उसे नाजुक हालात में जैसलमेर के जवाहर अस्पताल ले गये और भर्ती कर दिया। यहाँ मौज़ूद डॉ. रवीन्द्र सांखला को रामगढ़ के नर्सिंगकर्मियों ने फ़ोन पर उलट–पुलट जानकारियाँ दे दीं। सीधा सा जवाब उन्हें किसी ने नहीं दिया। इससे प्रसूता के इलाज़ में और परेशानी हो गयी। डॉ. सांखला को बताया गया कि प्रसूता की डिलीवरी तो हो गयी है लेकिन आँवल नाल भीतर ही रह गयी है। डॉ. सांखला ने अपने स्तर पर काफ़ी प्रयास किये लेकिन मामला

समझ नहीं आया। महिला की हालत बिगड़ती जा रही थी। अस्पताल की सुविधाओं और मरीज़ की हालत देखकर यहाँ से भी महिला को जोधपुर के उम्मेद अस्पताल रैफर कर दिया गया।

हैवानियत भरी लापरवाही और हैरान करने वाली कहानी की असली परत यहाँ आकर खुली। उम्मेद अस्पताल के डॉक्टरों ने प्रसव की पूरी प्रक्रिया दुबारा शुरू की। शुरुआती दिक़्क़तों के बाद वे प्रसव कराने में सफल हो गये। लेकिन डॉक्टर उस वक़्त हैरान रह गये जब बच्चे का केवल सिर ही बाहर आया। थोड़े हैरान और सकपकाये डॉक्टरों ने सारी रिपोर्ट पढ़ीं, जाँच की और इस निष्कर्ष पर पहुँचे कि कोई–न–कोई जानलेवा लापरवाही तो हुई ही है। पूरी जाँच के बाद पता चला कि बच्चे का धड़ यानी गर्दन के नीचे का भाग पहले ही बाहर निकाला जा चुका है। डॉक्टरों ने परिजनों को पूरी बात बता दी। डॉक्टरों ने कहा कि सारी गड़बड़ी रामगढ़ में ही हो चुकी है। वे वापस जायें और पुलिस में रिपोर्ट करें। जोधपुर अस्पताल ने पूरी रिपोर्ट अपने निदेशालय को भेज दी।

बच्चे का सिर लेकर प्रसूता दीक्षा कँवर के पति त्रिलोक सिंह रामगढ़ थाने गये और रिपोर्ट दर्ज कराई। पुलिस ने पड़ताल शुरू की। रामगढ़ अस्पताल में पूछताछ करने पर आरोपी नर्सिंगकर्मियों ने अपना अपराध स्वीकार कर लिया। बेशर्मी और हैवानियत के सबूत बच्चे के धड़ को भी पुलिस को सौंप दिया गया, जो आरोपियों ने मिट्टी में दबाया था। दर्द के दलदल की कहानी यहीं ख़त्म नहीं होती। प्रसव के दौरान बच्चे के पैर इतनी ज़ोर से दबाए गये थे कि हड्डियाँ टूट गयी थीं। यह बात पोस्टमॉर्टम रिपोर्ट में सामने आयी। धड़ व सिर का अलग–अलग पोस्टमॉर्टम किया गया था। आख़िर यह सब कैसे हुआ?

पड़ताल आगे बढ़ी तो लापरवाही का दायरा खुलता गया। असल में रामगढ़ अस्पताल में दीक्षा कँवर के प्रसव के दौरान डॉक्टर निखिल भी मौज़ूद थे लेकिन उन्होंने मरीज़ में कोई रुचि न लेते हुए प्रसव का ज़िम्मा अनुभवहीन कम्पाउण्डर अमृत और झँवरसिंह को

सौंप दिया। दोनों ने ग़लत तरीक़े से डिलीवरी कराई। दरअसल, दोनों ही अनुभवहीन थे। यहाँ यह बताना भी ज़रूरी है कि देश के अधिकांश सरकारी अस्पतालों में डॉक्टर नहीं, उनके सहकर्मी प्रसूता की डिलीवरी कराते हैं। कई जगहों पर तो शराब में धुत अस्पताल के सफ़ाईकर्मी लेबर रूम में डॉक्टरों के कहने पर प्रसव कराते हैं। सरकारी अस्पतालों का यह खौफनाक सच आज भी जारी है और ख़बरों का भी यही सच है। एक कोख इसी लापरवाही से उजड़ गयी। यह ख़बर इशारा नहीं बल्कि डरावना सच है। भरोसा तोड़ने वाली व्यवस्था ने जीवन के मायने बदल लिए हैं।

ग़लती को ढकने–छिपाने के फेर में वे प्रसूता की जान पर भी खेल गये। अगर वहीं ग़लती मानकर ठीक से इलाज़ करते तो शायद प्रसूता दीक्षा की जान पर न बनती। बच्चा तो इनके बर्बर व्यवहार के कारण दुनिया में ठीक से आ भी न पाया।

यह कहानी पढ़कर किसी का भी चेहरा ग़ुस्से से तमतमा सकता है। कनपटियों का लाल होना भी स्वाभाविक है। जब ख़बर मेरी डेस्क पर पहुँची तो मेरे भाव भी कुछ ऐसे ही थे। एक–एक शब्द कानों से होकर दिमाग़ की परतों से टकरा रहा था। हैडलाइन में ग़ुस्सा था, कॉपी में आक्रोश और प्रस्तुतीकरण में क्षोभ। अपने ग़ुस्से और लापरवाह व्यवस्था को गिराकर पीटने वाले भाव को ज्यों का त्यों पाठकों तक पहुँचाने के लिए मैंने ख़बर को फ्रंट पेज पर देना तय किया। वैसे भी ख़बर अपनी जगह ख़ुद तय कर लेती है। एक बात और। कई दिनों बाद ऐसा हुआ कि मैं शायद ख़बर को लेकर कुछ नर्वस हुआ। जैसा ट्रीटमेंट हम दूसरी ख़बरों के साथ करते हैं वैसा इस ख़बर के साथ नहीं कर पा रहा था। धूर्त और निष्क्रिय व्यवस्था के प्रति मेरा ग़ुस्सा सबसे बड़ी बाधा थी। मुझे ऐसा अहसास हो रहा था कि जैसे मैं इस घटना का प्रत्यक्षदर्शी हूँ। सबकुछ मेरी आँखों के सामने हो रहा है। मेरे दिमाग़ ने जैसे सोचना बन्द कर दिया था।

ख़बर से मुझे बू आ रही थी, जो दिमाग में फैल गयी। हमने ख़बर को पूरी ताकत के साथ फ्रंट पेज पर जगह दी। व्यवस्था से

भिड़ंत का भूत मुझ पर हावी था। मैं चाहता था कि सुबह ख़बर जब पाठकों तक पहुँचे तो हर शब्द उन्हें भावुक करे। भावनाएँ ही पत्रकार का सबसे बड़ा शक्तिशाली हथियार है। वही हुआ। भावनाएँ ग़ुस्से की भीड़ में बदल गयी। ख़बर छपते ही दोनों कम्पाउण्डर और डॉक्टरों पर कार्रवाई हुई और वे निलम्बित हो गये। लेकिन एक अजीब सन्नाटे के शोक से मैं ख़ुद को अलग नहीं कर पाया।

ख़बरें अकेले कुछ नहीं कर सकतीं। एक घटना ख़बर में बदलती है। ख़बर अख़बार में और अख़बार सुबह 4–5 रुपये में बिकता है और अपने पाठकों तक पहुँच जाता है। इसे पहुँचाने वाला हॉकर यह नहीं जानता कि उसने आपके घर, बालकनी में क्या फेंक दिया है। दरवाज़े के बीच की ख़ाली जगह से चुपचाप क्या सरका दिया है। मंगल–अमंगल की ख़बरों से उसका कोई वास्ता नहीं है। और हम पत्रकारों के दिन–रातभर की जद्दोजहद यहाँ आकर पूरी हो जाती है। और हाँ, अगर पाठक–सरकारों ने सुबह ख़बर की सही शिनाख़्त कर दी तो रातभर की गयी हमारी मेहनत का अज्ञातवास ख़त्म हो जाता है।

08
मासूम गुनाह

क्या करें ऐसी पंचायतों का जो जरा सी बात पर ऐसे फ़ैसले दे देती है, जो हमारे समाज के पूरे तन्त्र पर धब्बा लगा दे। ऐसी ही ख़बर जिसने हमें झकझोर दिया

अन्धविश्वास में अन्धे पंचों ने ली नौ साल की कोमल की जान, गुनाह सिर्फ़ इतना- टिटहरी का अंडा फूट गया था

जयपुर, 12 जुलाई, 2018 की तपती दोपहर। तापमान 39 डिग्री। लू के थपेड़ों के बीच लापता मानसून के गहरे काले बादलों का सबको इन्तज़ार। मानसून के मौसम में जब इतनी तड़पाने वाली गर्मी हो तो ख़बरों का तापमान क़तई सुहाना नहीं हो सकता है। हालाँकि न्यूज़रूम का तापमान तभी तक ठीक रहता है जब तक वहाँ ख़बरों की गर्माहट बनी रहती है। इस दिन भी ख़बरों की दुपहर गर्म ही थी।

ख़बरों की भाप मापने की तैयारी पूरी हो चुकी थी। मैं अपने साथियों के साथ वीकली प्लानिंग पर ब्रीफ़िग से फ्री हुआ ही था, तभी फ़ोन की घण्टी बजी। कॉल कोटा से था। हमारे बूँदी संस्करण के ब्यूरो चीफ़ माँगू सिंह शेखावत कुछ तल्ख़ लग रहे थे। बोले– सर एक अलग सी ख़बर है। 6 साल की एक बच्ची को पंचायत ने जाति से बेदखल कर दिया है।

मैं कुछ चौंका। हतप्रभ भी। 6 साल की बच्ची और जाति से बेदखल? ऐसा क्या कर दिया उस मासूम ने? मेरे इस सवाल के जवाब पर बच्ची का अपराध जब माँगू सिंह ने बताया तो दिमाग़ में धमाका हुआ। आँखों की पुतलियाँ ठहर गयीं। अवाक्। अन्दर के मज़बूत पत्रकार की रूह भी ज़रा काँपी। रिपोर्टर बोला– बच्ची से टिटहरी का एक अंडा फूट गया था। इसी ग़लती की सज़ा मिली है मासूम बच्ची को। गाँव के पंच परमेश्वरों ने बच्ची को सबसे बड़ा दोषी मानकर जाति से बेदखल कर दिया है। माँगू सिंह जैसे–जैसे इस

सनसनीखेज ख़बर के दायरे को खोल रहा था मेरी साँसों की रफ़्तार बढ़ती जा रही थी। मैं खामोशी से सबकुछ सुन रहा था। झूठी पहचान और पाखंड की परतें खुल रही थीं।

हुआ यूँ कि फूल सी मासूम छह साल की ख़ुशबू दो जुलाई को पहली बार स्कूल गयी थी। उसी दिन स्कूलों में बच्चों को दूध पिलाने की योजना शुरू हुई थी। दूध के लिए बच्ची लाइन में लगी तो भीड़ के धक्के के कारण पास ही टिटहरी के घोंसले पर पैर चला गया। एक अंडा क्या फूट गया, बवंडर आ गया। बूँदी के हरिपुरा गाँव में पंचायत बैठी। बच्ची को जीव हत्या का दोषी मानते हुए जाति से बाहर निकालने का फ़तवा सुना दिया गया। तमाम कोशिशों के बावजूद पंचायत ने अपना फ़रमान नहीं बदला। सज़ा मुक़र्रर हुई। घर से बाहर–जाति से बाहर। बच्ची ने घर से दूर टिनशेड के नीचे तेज़ गर्मी में पूरे दस दिन बिताये।

> *पंचायत बैठी, इस पर अड़ गयी कि हुकमचन्द एक पंच से कुछ साल पहले उधार लिए डेढ़ हज़ार रुपये तत्काल चुकाये। बच्ची का विपन्न परिवार जब इस माँग को पूरा नहीं कर पाया तो इसके बाद पंचायत ने उनकी सज़ा आगे बढ़ा दी।*

बहुत से विचित्र तथ्य सामने आने लगे। मासूम पर झपट्टा मारने के लिए उठे हाथों की हिंसा अब आखिरी दौर में थी। लेन–देन शुरू हो गया। बच्ची को जाति से तो निकाला ही, पंचों ने उसके पिता हुकमचन्द पर जुर्माना भी लगा दिया। कहा गया, गायों को चारा, मछलियों को आटा, कबूतरों को ज्वार डाले...और एक किलो भूंगड़े (सिंके हुए चने), एक किलो नमकीन और अंग्रेज़ी शराब की बोतल पंचायत को दान की जाये। जीव हत्या का दोष तभी दूर होगा। गाँव के परम–ईश्वर का न्याय अभी पूरा नहीं हुआ था। तीन दिन बाद फिर पंचायत बैठी, इस पर अड़ गयी कि हुकमचन्द एक पंच से कुछ साल पहले उधार लिए डेढ़ हज़ार रुपये तत्काल चुकाये। बच्ची का

विपन्न परिवार जब इस माँग को पूरा नहीं कर पाया तो इसके बाद पंचायत ने उनकी सज़ा पाँच दिन आगे बढ़ा दी। न्याय का यह गणित और अमानवीय होता गया। साक्ष्य और दलीलें और क्रूर होती गयीं।

राजस्थान के बूँदी जिले के गाँवों में यह मान्यता है कि टिटहरी बारिश के लिए शुभ होती है। इसे मारना या उसके अंडों को फोड़ना अपशकुन माना जाता है। कहा जाता है कि अगर टिटहरी नाराज़ हो गयी तो गाँव में बारिश नहीं होगी। अब आप समझ सकते हैं कि टिटहरी की नाराज़गी से बचने के लिए पंचों के प्रपंच कितने खतरनाक थे। मुझे नहीं लगता कि 10 दिन तक नन्ही ख़ुशबू को घर–गाँव से बाहर रखने व उसे सज़ा दिये जाने पर भी टिटहरी का क्रोध शान्त हुआ होगा। ये पाखंडी अपशकुन और सज़ा के टोटके–सिर्फ़ अन्धविश्वास हैं। कोई देवता– उसके रीति–रिवाज कभी किसी मासूम बच्ची को सज़ा नहीं दे सकता। यह तो अन्धविश्वास का वह अस्थिपंजर है, जो पंच–परमेश्वरों को एक खतरनाक पहचान दे रहा है। ऐसे पंच परमेश्वर; अन्धविश्वास के विस्फोट परमाणु बम से भी खतरनाक हैं।

अब आँख से अन्धी व्यवस्था का ज़िक्र करते हैं। अन्धविश्वास के इस न्याय की पीड़ा प्रशासन तक पाँच दिनों बाद पहुँची। हालाँकि स्थानीय प्रशासन के दखल के बाद पंचों के इस सुझाव को मान लिया गया कि बच्ची को किसी धार्मिक स्थल पर ले जाकर व नहलाकर शुद्धीकरण किया जाये तो सज़ा को ख़त्म किया जा सकता है। इस प्रक्रिया में भी दस दिन लग गये। तब तक बच्ची अपनी सज़ा की सारी सीमाएँ पार कर चुकी थी।

अब अगर यह ख़बर पढ़कर आपके बाजू भी फड़फड़ा रहे हैं तो उन पर क़ाबू करिए क्योंकि इस सारे मसले के बीच जो सबसे महत्त्वपूर्ण है वह है मुर्दा समाज की चुप्पी, आत्मघाती सहनशीलता। एक बच्ची को ऐसी शर्मनाक सज़ा स्वीकार करना ही मुर्दा समाज का सबसे बड़ा सबूत है। इधर, हमारे न्यूज़रूम में जब यह ख़बर दाख़िल हुई तो सभी साथी सज़ा के इस चेहरे को देखकर ग़ुस्से में थे।

एक अजीब कड़वाहट, अचरज सा भाव हमारे चेहरे पर था। जैसे गुस्से में हम अपनी आस्तीनें चढ़ाने लगते हैं वैसे ही इस ख़बर पर हमने प्रहार करने वाले शब्दों की बाँहें चढ़ाने का फ़ैसला लिया। परम्पराओं के इस बकवास मुहावरे के ख़िलाफ़ हम खड़े हो गये। पूरी ख़बर का चेहरा इसी सोच से तैयार किया गया। तूफानी हैडलाइन और पूरी कॉपी पर काम शुरू हुआ। मैं चाहता था कि ख़बर में सवाल तो हों, लेकिन उनका प्रवाह भी असरदार हो। शब्दों की सारी खिड़कियों को हमने खोल दिया। प्रशासन की चुप्पी से हमारे शब्दों का क्रोध भिड़ गया।

ख़बर ने फ्रंट पेज पर अपनी जगह बना ली। सुबह जब इस कहानी का घूँघट उठा तो सभी ज़िम्मेदार नंगे थे। कई बार यह होता है कि बड़ी से बड़ी ख़बर अख़बारों के तीन कॉलम, चार कॉलम के साइज में ही सिमटकर रह जाती है। कोई हलचल नहीं होती। किन्तु यह ख़बर इस श्राप से मुक्त हुई। ज़िम्मेदारों पर कार्रवाई के ऑर्डर हुए, प्रश्न पूछे गये...। तथाकथित परमेश्वरों को पाबन्द किया गया। शोर–शराबा बन्द हो गया।

बस एक अफ़सोस है। क्योंकि ख़बर हम तक बहुत लेट पहुँची इसलिए जालिम जातियों के पंचों ने जो सज़ा मासूम बच्ची को सुनाई थी उसे हम रद्द न करा सके। जिस दिन ख़बर छपी मासूम ख़ुशबू अपनी दस दिनों की सज़ा काट चुकी थी।

अब अगर आप इस कहानी को पढ़कर यह सोच रहे हैं कि अन्धविश्वास की विषैली मिट्टी की गन्ध कम हो गयी है तो अपने दिल और दिमाग़ को दूसरी कहानी के लिए तैयार रखिए। दर्द भरी अगली कहानी का आकार और बढ़ा है। टिटहरी के अंडे की फूटने की दूसरी कहानी भी अन्धविश्वास की गोलियों से छलनी करने वाली है। न्यूज़रूम में इस बार भी ख़बर बूँदी से ही आयी थी। दिन था 16 जून 2018। जगह– केशवराय पाटन। यहाँ भी अण्ड़ा 9 साल की मासूम कोमल के हाथों से टूटा था। यहाँ भी कोमल दूध वितरण के लिए स्कूल की लाइन में लगी थी। अचानक पीछे से खड़ी एक बच्ची

गिर पड़ी। उसके मुँह से झाग निकलने लगा। बच्चों में अफरा–तफरी फैल गयी। टीचर बच्ची को अस्पताल ले गये, लेकिन इसी दौरान कोमल से स्कूल के पास पड़ा टिटहरी का अंडा फूट गया। सूचना गाँववालों तक पहुँची। पंचों का फ़रमान– दोष निवारण के लिए शुद्धीकरण। सज़ा– घरवाले चम्बल नदी जायें और कोमल को नहलाकर गाँव लायें। शुद्धीकरण के बाद ही गाँव में प्रवेश मिलेगा।

परम्पराओं का यह पागलपन न्यूज़रूम में हमको परेशान करने वाला था। ख़बरों की परतें जैसे–जैसे खुलतीं पीड़ा और बढ़ने लगती। ख़बर की दसवीं लाइन कुछ यूँ थी। परिवार ग़रीब था। क़र्ज़ लेकर किसी तरह परिवार कोमल को लेकर कोटा पहुँचा। फिर यहाँ से नहलाने के लिए चम्बल नदी तक लाया। इसी बीच कोमल का पैर फिसल गया और वह चम्बल के सैलाब में बहने लगी। बचाने की कोशिश हुई लेकिन कोमल को पानी अपने साथ ले गया। कोमल जीने के लिए चीखती–चिल्लाती रही। माँ–बाप का बेटी को खोने का दर्द यहीं ख़त्म नहीं हुआ। अन्धविश्वास की ऊँची आवाज़ें गाँव में उठने लगीं– कोमल ने टिटहरी का अंडा फोड़ा था, इसलिए अनिष्ट हुआ। इसकी सड़ाँध और दुर्गन्ध न्यूज़ में भी फैल गयी। विचारों के विस्फोट होने लगे। यह कोई सामान्य ख़बर नहीं थी। हमारे न्यूज़रूम की शान्ति का संयम टूटने लगा। तीखे सवाल, ग़ुस्से से भरी आँखें ख़बर को चेहरा देने लगीं। व्यवस्था, सरकार, समाज सबसे लड़ने का झण्डा गाड़ दिया गया।

पत्रकारों के साथ–साथ हम एक इंसान भी हैं। आप हमें कठोर इंसान कह सकते हैं, लेकिन ऐसी ख़बरें हमारे लिए मानसिक घाव की तरह होती हैं। कई बार दिमागी संतुलन बनाना मुश्किल हो जाता है। कोमल की मौत की ख़बर भी न्यूज़रूम में तनाव की मात्रा को बढ़ाने वाली ही थी। एक पत्रकार के तौर पर जीवन और मृत्यु से जुड़ी ख़बरें हमारे लिए रूटीन का हिस्सा है। ऐसी ख़बरें हमारे न्यूज़रूम में बहुत तेजी से दाखिल होती हैं, लेकिन इस ख़बर पर मेरी आग–बबूला प्रतिक्रिया यह है। हे ईश्वर! उन बेरहमों को कभी माफ़ मत करना!

09
ज़िन्दगी की लीला

19 महीने तलाश के बाद जब पति को खोयी हुई पत्नी मिली तो पूरा न्यूज़रूम भौचक रह गया। क्या चमत्कार होते हैं? जवाब हर पत्रकार ख़बर में पढ़ रहा था।

केदारनाथ त्रासदी में खोयी पत्नी, 19 माह बाद मौत के मुँह से ज़िन्दा खींच लाया बिजेन्द्र

अमेरिकी लेखक और न्यूयॉर्क ट्रिब्यून के एडिटर होरेस ग्रीले की लिखी यह पंक्ति मुझे बेहद पसन्द है– पत्रकारिता आपको मार डालेगी लेकिन जब तक आप इसे करेंगे यह आपको जीवित भी रखेगी। सच है कि ख़बरों का यह संसार भले ही हर दिन आपकी ऊर्जा को निचोड़ लेता है, लेकिन कई ऐसे अनुभव भी इसका हिस्सा हैं जो संजीवनी की तरह आपकी चेतना में प्राण फूँक देते हैं और होंठों पर मुस्कुराहट ले आते हैं। यह कहानी भी मेरे दिल के क़रीब है। सोच–विचार की सीमाओं से परे और बहुत ही रोमांचकारी।

उस रात सबकुछ वैसा ही था, जैसा अख़बारों के न्यूज़रूम में रोज़ होता है। ख़बरों की ठोका–पीटी चरम पर थी। सब–एडिटर अख़बार के धनुष पर ख़बरों के बाणों को और कसने में जुटे थे।

रात धीरे धीरे ख़बरों के शोर में गहरी होती जा रही थी। इसी दौरान ख़बरों की एक और कहानी न्यूज़रूम में दाख़िल हुई। अलवर से आयी यह बिजेन्द्र की कहानी थी। मौत को मात देने वाली कहानी। और जब आगे मैं इस कहानी की सीमाओं को खोलूँगा तो आपके हाथ इसके प्रमुख पात्र बिजेन्द्र को सैल्यूट मारने के लिए मचलने लगेंगे। और यह भी तय है कि आपके मन के भीतर की भावनाएँ डायनामाइट की तरह फटने लगेंगी।

अब कहानी। राजस्थान में अलवर के भीकमपुर निवासी ड्राइवर बिजेन्द्र अपनी पत्नी लीला के साथ 7 जून, 2013 को अहमदाबाद के 43 लोगों के साथ अलवर से केदारनाथ दर्शन के लिए चले थे। हरिद्वार होते हुए वे गौरीकुण्ड पहुँचे और फिर 15 जून को दर्शन के बाद

16 को गौरीकुण्ड वापस आ गये। इसी दौरान केदारनाथ का पूरा इलाका भारी बारिश के जल–प्रलय की गिरफ़्त में आ गया। 45 लोगों के इनके समूह में से सिर्फ़ 13 लोग ही ज़िन्दा बच पाये। बिजेन्द्र की पत्नी लीला कँवर भी इस हादसे की चपेट में आ गयी। दो दिन की तलाश के बाद बिजेन्द्र भी अलवर लौट आये और उत्तराखण्ड व राजस्थान सरकार ने भी परिजनों तक मौत की ख़बर पहुँचा दी।

यहाँ बिजेन्द्र की तलाश जारी थी, उधर उत्तराखण्ड सरकार ने गुमशुदा लीला को मृत घोषित कर मुआवज़े की घोषणा कर दी। राजस्थान सरकार ने भी इसी सूचना पर 5 लाख रुपये और उत्तराखण्ड सरकार ने 3 लाख रुपये बतौर मुआवज़ा बिजेन्द्र के परिवार को दे दिये। मुआवज़े की राशि बिजेन्द्र के घर पहुँच गयी। लेकिन बच्चे अब भी माँ के लौट आने का इन्तज़ार कर रहे थे।

बिजेन्द्र भले ही अकेले अलवर लौट आये लेकिन वे यह मानने को तैयार नहीं थे कि उनकी पत्नी लीला की मौत हो चुकी है। यह भरोसा क्यों था और इसके क्या मायने थे, यह भी समझ से बाहर था। लेकिन लीला के हादसे में बच जाने की उम्मीद उन्हें बार–बार केदारनाथ फिर से जाने के लिए बेचैन कर रही थी। प्रकृति से लड़ने के लिए शक्ति और पत्नी को तलाशने के लिए बिजेन्द्र ने ताकत जुटानी फिर शुरू की। पत्नी लीला के ज़िंदा रहने का भरोसा ही कुछ ऐसा था।

आख़िरकार इसी भरोसे ने ताक़त दी और बिजेन्द्र 22 जून 2013 को अलवर में अपने गाँव से केदारनाथ लीला को ढूँढ़ने निकल पड़े। हालाँकि वे नाकाम रहे क्योंकि सरकारी अधिकारियों ने उन्हें गौरीकुण्ड–केदारनाथ मार्ग पर जाने से रोक दिया। बिजेन्द्र ऊखीमठ से आगे नहीं जा पाये। खोज में बाधा आयी, लेकिन तलाश की छटपटाहट नहीं हारी। 7 जुलाई और 22 दिसम्बर 2013 को फिर वे अलवर से अपनी पत्नी की तलाश में केदारनाथ की तरफ़ गये।

हालाँकि, कामयाब इस बार भी नहीं हो पाये। यहाँ बिजेन्द्र की तलाश जारी थी, उधर उत्तराखण्ड सरकार ने गुमशुदा लीला को मृत घोषित कर मुआवज़े की घोषणा कर दी। राजस्थान सरकार ने भी इसी सूचना पर 5 लाख रुपये और उत्तराखण्ड सरकार ने 3 लाख रुपये बतौर मुआवज़ा बिजेन्द्र के परिवार को दे दिये।

मुआवज़े की राशि बिजेन्द्र के घर पहुँच गयी। लेकिन बच्चे अब भी माँ के लौट आने का इन्तज़ार कर रहे थे। न उन्हें मुआवज़ा चाहिए था और न ही माँ की 'मौत' की ख़बर का यक़ीन। इस बीच अपनी पत्नी की तस्वीर हाथों में लिए बिजेन्द्र ने हरिद्वार, देहरादून, ऋषिकेश, रुद्रप्रयाग, गौरीकुण्ड, केदारनाथ और आसपास के इलाके छान मारे। हर कोई पत्नी को ढूँढ़ लेने की इस ज़िद और जिजीविषा से हैरान था। इलाके के लोग उन्हें पहचानने लगे थे। एक पुरूष का पत्नी प्रेम भी चर्चित होने लगा। इलाके के लोगों की प्रतिक्रिया भी शानदार थी।

भले ही हम भविष्य का अनुमान लगाते हुए पूरा जीवन बिता दें, लेकिन अगले पल जो होने वाला है, उसका आभास सपने में भी हो पाना असम्भव है। बिजेन्द्र को नहीं पता था कि आगे क्या होगा, लेकिन उनकी उम्मीद कभी नहीं टूटी। उन्हें आस थी कि एक दिन या एक पल ऐसा आयेगा जब उनका महीनों का इन्तज़ार अपनी मंज़िल को पा लेगा।

अब और ध्यान से इस कहानी को आगे पढ़िए। कुछ अनोखा और दुर्लभ होने वाला है। बिजेन्द्र अलवर में किसी दोस्त के यहाँ बैठे थे। अचानक...बिजेन्द्र के फ़ोन पर एक मैसेज आया जिसमें लीला कँवर के चेहरे–मोहरे जैसी किसी महिला के देखे जाने की जानकारी थी। इस मैसेज ने उनकी तड़प को बढ़ा दिया। यह बात 29 जनवरी 2015 यानी आपदा के डेढ़ साल बाद की है। सूचना के बाद बिजेन्द्र अपने कुछ रिश्तेदारों के साथ 3 फ़रवरी को उत्तरकाशी के गंगोली गाँव (उत्तरकाशी और केदारनाथ बिल्कुल विपरीत दिशाओं में हैं, दूरी भी 200 किमी से कम नहीं है) पहुँचे।

यही वह गाँव था, जहाँ लीला के देखे जाने की सूचना उन्हें मिली थी, लेकिन यहाँ जब उन्होंने विक्षिप्त–सी दिखने वाली उस महिला को देखा तो एकबारगी सन्न रह गये। यह लीला ही थी। उन्होंने लीला की कुछ फ़ोटो खींचीं और बच्चों और परिजनों को दिखाईं। बच्चे कैसे अपनी माँ को न पहचान पाते। उन्होंने फ़ोटो देखकर फ़ौरन तस्दीक कर दी। इसके बाद बिजेन्द्र लीला को लेकर उत्तरकाशी से अपने गाँव अलवर की ओर रवाना हो गये। पूरे डेढ़ साल बाद केदारनाथ में खोयी लीला बिजेन्द्र को उत्तरकाशी में मिल गयी। बिजेन्द्र के लिए तो जैसे लीला का पुनर्जन्म हुआ था। उसके अद्भुत प्रेम ने प्रकृति के फ़ैसले को भी बदल दिया था।

अब इस चमकदार ख़बर पर मेरी प्रतिक्रिया। दरअसल, अख़बारों के न्यूज़रूम में ख़बरों का प्रवाह ख़त्म नहीं होता ख़बरों की अलमारियाँ कहानियों से भरी होती हैं, लेकिन अलवर से आयी इस ख़बर का विस्फोट कुछ ऐसा था कि एकबारगी पूरा न्यूज़रूम ठहर–सा गया। ख़बर को एडिट करते–करते पूरा न्यूज़रूम भी भौचक था। देर रात अख़बारों के दफ़्तरों में आने वाली ख़बरें अक्सर हादसे–हत्या और मौतों से जुड़ी होती हैं। इन्हीं ख़बरों को हम नया चेहरा देते हैं, लेकिन बिजेन्द्र की यह ख़बर तो बिल्कुल अलग थी। साँस लेती इस ख़बर की धड़कन ने पूरे न्यूज़रूम को रोमांचित कर दिया। हर साथी की यही इच्छा थी कि इस कहानी को

> *बिजेन्द्र अभी भी अलवर में ही रहते हैं। उनके जीवन के वीरान अँधेरे ख़त्म हो गये हैं। पत्नी लीला धीरे–धीरे मानसिक तनावों से बाहर निकल रही है। बच्चों को माँ मिल गयी है। पत्रकार और पाठक के तौर पर इस ख़बर को मैं आज तक नहीं भूला हूँ। इतिहास की अमर प्रेम कहानियों रोमियो–जूलियट से लेकर हीर–राँझा, लैला–मजनूँ से कहीं ज़्यादा प्यार की यह साधारण कहानी मुझे ज़्यादा आकर्षित करती है*

किसी ख़ूबसूरत इत्रदान में सजा कर रख दिया जाये। क्या चमत्कार होते हैं? इस सवाल का जवाब न्यूज़रूम का हर पत्रकार ख़बर में पढ़ रहा था। कागज़ पर काले अक्षर गवाही दे रहे थे। चमत्कार तूफ़ान बनकर हमारे न्यूज़रूम में दाख़िल हो चुका था।

जैसा कि ख़बरों के तय मापदण्ड हैं कि सत्यता की पुष्टि यानी वर्जन ज़रूरी है। इस ख़बर में जब बिजेन्द्र का पक्ष जाना गया तो उन्होंने कहा–हाँ, मेरी लीला मुझे मिल गयी है। 19 महीने की तलाश को आज मंज़िल मिली है। सब कह रहे थे, वो नहीं रही, मगर मैं अलवर में उसकी धड़कनें सुन रहा था। मैंने अपने बच्चों को उनकी माँ से मिलाने का वादा किया था और उसे मैंने पूरा किया। ख़बर को और प्रभावी बनाने के लिए बिजेन्द्र से हमने लम्बी बातचीत की। अपने प्रयास, तलाश और उम्मीद का पूरा हलफ़नामा उन्होंने बताया। सबकुछ हैरान करने वाला था। लीला की इस खोज के दौरान बिजेन्द्र जिस हक़ीक़त से रू–ब–रू हुए वह भी नसों को सुन्न करने वाला है। इस कहानी का इकलौता पात्र बिजेन्द्र ही है। विश्वास पर टिकी थी पत्नी को खोजने की उनकी जिद। वे बताते रहे 19 महीने का अपना संघर्ष, मैं चुपचाप सुनता रहा।

बिजेन्द्र कहते हैं, आपदा के बाद अपनी पत्नी को ढूँढ़ने के लिए मैं रुद्रप्रयाग के डीएम, एसडीएम, देहरादून में सरकार में बैठे अफ़सरों, जनप्रतिनिधियों से लगातार मिला। मैं एक माह तक उत्तराखण्ड में ही रहा। इस दौरान किसी ने कोई मदद नहीं की। कई बार तो ऐसा वक़्त आया कि मुझे रिश्वत देकर आपदाग्रस्त इलाके में एंट्री मिल पायी। लेकिन सारी मुश्किलों के बाद अन्ततः मुझे मेरी लीला मिल ही गयी। 19 महीनों की मेरी इस दीवानगी को सबने पागलपन का नाम दिया। यही पागल अपनी खोयी साँसों को आख़िरकार ढूँढ़ ही लाया। यह कहानी ज़िन्दगी और मौत के सवालों से परे जाकर कुछ और है। इसकी रंग–रेखाएँ सबसे अलग हैं।

हमारे न्यूज़रूम में महीनों बाद ज़िन्दगी लौटी थी। वरना तो रोज़ मौत–मातम और मायूस करने वाली ख़बरों को हम अख़बार के पेजों

पर जीवित करने में ही लगे रहते हैं। ख़बरों के ऐसे ही कंकालों को देर रात तक अपने हाथों में सँभालना पड़ता है। आश्चर्य और चमत्कार सबकुछ इस ख़बर में था। एक अच्छे बम की तरह हम सब इस ख़बर का विस्फोट सुन रहे थे। बिजेन्द्र की सच्ची कहानी में परीलोक जैसी चमक थी। हमारे न्यूज़रूम के हालात तेजी से बदलने लगे। ख़बर को लिखते वक्त, फ्रंट पेज पर सजाते वक्त हम सब उत्साहित थे। ख़बर को तैयार करने के हमारे सारे इंजन ख़ुद–ब–ख़ुद चालू हो गये। समारोहपूर्वक ख़बर को फ्रंट पेज पर सजाया गया। मैं जानता था कि सुबह यह ख़बर हमारे पाठकों का दिन बहुत ख़ूबसूरत और रोमाँचकारी बनाने वाली है।

बिजेन्द्र अभी भी अलवर में ही रहते हैं। उनके जीवन के वीरान अँधेरे ख़त्म हो गये हैं। पत्नी लीला धीरे–धीरे मानसिक तनावों से बाहर निकल रही है। बच्चों को माँ मिल गयी है। पत्रकार और पाठक के तौर पर इस ख़बर को मैं आज तक नहीं भूला हूँ। इतिहास की अमर प्रेम कहानियों रोमियो–जूलियट से लेकर हीर–राँझा, लैला–मजनूँ से कहीं ज़्यादा प्यार की यह साधारण कहानी मुझे ज़्यादा आकर्षित करती है। इस कहानी के सुनहरे पंखों को मैं जब भी छूता हूँ तो एक अजीब झनझनाहट मेरे भीतर होती है। पूरे शरीर में एक नयी ख़ूबसूरत सिहरन दौड़ जाती है। कुछ ख़बरों की थरथराहट भुलाये नहीं भूलती। लीला की कहानी भी कुछ ऐसी है।

संवेदनाओं के शिल्प की शिनाख़्त करती ज़िगर मुरादाबादी की ये लाइनें–

जो तूफ़ानों में पलते जा रहे हैं
वही दुनिया बदलते जा रहे हैं।

10
अपराधबोध

रिपोर्टिंग से जुड़ा एक ऐसा अनुभव, जहाँ एक ऐसे अपराध की ग्लानि जीवन में शामिल हो गयी, जो किया ही नहीं गया था, मैं गुनहगार बन चुका था, यह कहानी नहीं, एक क़बूलनामा है।

सुसाइड रोकने के लिए बनायी थी ख़बर, आत्महत्या कर चुके छात्र की जेब से मिली उसी ख़बर की कटिंग

सैकड़ों हमलों और धमाकों की रिपोर्टिंग कर चुके पत्रकार ज़ीशान अनवर जब 16 दिसम्बर 2014 को पेशावर के आर्मी स्कूल पर हुए हमले के कवरेज के लिए पहुँचे तो उनकी दिमाग़ी हालत बिगड़ गयी। ज़ीशान के मुताबिक़, उन्होंने छोटे बच्चों की लाशें वहाँ बिछी देखी थीं और वे बार–बार उन्हीं के बारे में सोच रहे थे। उन्हें सदमा लगा था। दो दिन बाद पेशावर में पत्रकारों के लिए बने ट्रॉमा सेंटर पहुँच कर जीशान ने मनोवैज्ञानिकों की मदद ली। इसी हमले की रिपोर्टिंग करने पहुँची पाकिस्तान के एआरवाई न्यूज़ चैनल की एंकर सनम बलोच भी रिपोर्टिंग करते हुए काफ़ी भावुक हो गयीं। सनम ने जब वहाँ बच्चों के रोते–बिलखते माँ–बाप को देखा तो वे ख़ुद भी फूट–फूट कर रोने लगीं। इसी तरह बगदाद, अफ़ग़ानिस्तान, अफ्रीका व मध्य पूर्व के संघर्षों को

कवर करने वाले पत्रकारों ने भी समय–समय पर गहरे तनाव का सामना किया है।

पत्रकारिता जितना रोमाँच पैदा करती है, उससे कहीं ज़्यादा वह आपको भीतर तक तोड़ देती है। ख़बरों के अनुभवों का आनंद हमेशा नहीं मिलता है। नए–नए तनाव इस पेशे की चुनौतियाँ हैं। हालाँकि कई ऐसी घटनाओं को लेकर सहज भी होते हैं क्योंकि उन्हें लगता है पत्रकार का काम महज़ ऑब्ज़र्वेशन और ख़बरें लिखना होता है और ऐसा करके वे अपने दायित्व को पूरा कर रहे होते हैं। लेकिन बड़ी संख्या में ऐसे पत्रकार भी हैं जो महसूस करते हैं कि चाहे–अनचाहे हम सब रिपोर्टर्स के जीवन में कोई–न–कोई मौक़ा ऐसा आया होता है जब हम चाहकर भी किसी की मदद नहीं कर पाते। या फिर हमारी किसी ख़बर से अनजाने में ही सही कोई आहत हुआ होता है। उस स्थिति में एक अलग तरह का अपराधबोध

हमें घेर लेता है। मेरे साथ भी एक ऐसा ही वाक़या हुआ, जहाँ बिना किसी कारण के भी मैं एक आत्महत्या करने वाले स्टूडेंट का गुनहगार बन गया। यह कहानी इसी क़बूलनामे की है।

घटना 2002 की है। तब मैं दैनिक जागरण के देहरादून संस्करण में सीनियर रिपोर्टर था। उस वक़्त यूपी बोर्ड का रिज़ल्ट नकल या किसी चर्चित टॉपर के लिए नहीं, बल्कि बहुत कठोर स्क्रीनिंग के लिए मशहूर होता था। विरले ही थे जो यूपी बोर्ड से 10वीं या 12वीं की परीक्षाएँ अच्छे नम्बरों से पास कर पाते थे। सालाना औसत रिज़ल्ट 50 या 55 फ़ीसदी ही रहता था। नतीजतन फेल होने वाले छात्र अपनी नाकामी बर्दाश्त नहीं कर पाते थे और आत्महत्या कर लेते थे। बोर्ड का रिज़ल्ट आने पर अख़बार के पन्ने सुसाइड की ख़बरों से भर जाते थे। हमारे लिए यह बहुत दुख और पीड़ा देने वाला दौर रहता था। उस वक़्त मेरे लिए सुसाइड की ख़बरें बनाना या छापना केवल एक काम का हिस्सा भर था। हाँ, कभी–कभी कुछ ख़बरों को लिखते वक़्त मेरे शब्दों की भावनाओं से मुठभेड़ हो जाती थी।

इस बार रिज़ल्ट से पहले हम सुसाइड रोकने के लिए एक पेज प्लान करते हैं। इस पेज में हम सुसाइड के आँकड़े और इसकी भयावहता बताकर वे सारी पॉजिटिव बातें छापने वाले थे, जिनसे पाठकों, ख़ासकर छात्रों को यह सन्देश मिले कि सुसाइड जैसा क़दम उन्हें कभी नहीं उठाना चाहिए। मेरे सम्पादक को आइडिया पसन्द आया और पेज भी छप गया।

अब कुछ हिचकिचाहट के साथ इस कहानी की शुरुआत करता हूँ। उस वर्ष का रिज़ल्ट आने वाला था। मेरे सम्पादक अशोक पाण्डेय जी थे और देहरादून संस्करण में क्राइम रिपोर्टर थे अनूप गैरोला। मैंने पाण्डेय जी के साथ एक आइडिया डिस्कस किया कि इस बार रिज़ल्ट से पहले हम सुसाइड रोकने के लिए एक पेज प्लान करते

हैं। इस पेज में हम सुसाइड के आँकड़े और इसकी भयावहता बताकर वे सारी पॉजिटिव बातें छापने वाले थे, जिनसे पाठकों, ख़ासकर छात्रों को यह सन्देश मिले कि सुसाइड जैसा क़दम उन्हें कभी नहीं उठाना चाहिए। हमने यह भी तय किया कि हम इस पेज में ज़िले के उन डीएम–एसपी की मार्कशीट भी छापेंगे, जिनके 10वीं, 12वीं में नम्बर तो कम थे, लेकिन आज वे ज़िले की सबसे बड़ी पोस्ट पर हैं। मेरे सम्पादक को आइडिया पसन्द आया और पेज भी छप गया। हमारा पूरा फोकस सुसाइड की मनोस्थिति और कारणों पर था। ख़बर छपने के बाद प्रतिक्रिया भी अच्छी रही, मुझे काफ़ी सन्तोष था। पत्रकार के रूप में इस समस्या पर मैं जो कर सकता था, मैंने किया। फिर 6 दिन बाद रिज़ल्ट आया और वही सब हुआ जो पहले से होता आ रहा था। हमारी ख़बर से सुसाइड में कोई भारी गिरावट नहीं आयी। मुझे उम्मीद भी नहीं थी लेकिन इससे अधिक मैं कुछ और कर भी नहीं सकता था।

धीरे–धीरे हमारे न्यूज़रूम में ख़बरों के रंग बदल गये। आत्महत्या की ख़बरें कम हो गयीं और जो आतीं, उसे घटना के हिसाब से जगह मिल जाती। यह क्रम जारी रहा, लेकिन एक दिन जब मैं ऑफ़िस में था, अपने रोज़ाना के काम में व्यस्त। तभी मेरे साथी अनूप दनदनाते–सनसनाते हुए मेरे पास आये। वह एकदम बदहवास थे। उसकी बॉडी लैंग्वेज़ एकदम अलग थी। जैसे कोई बहुत बड़ी घटना हुई हो। हम पत्रकारों के लिए किसी साथी की अच्छी, बुरी या अलग–सी हालत के सारे मायने बस ख़बरों से जुड़े रहते हैं। ऐसा बहुत कम होता है कि कोई दौड़ता या हाँफता हुआ आये तो हम उससे यह पूछें कि क्या हुआ– घर पर सब ठीक है न? आमतौर पर ऐसी हालत देखकर हमारा रिएक्शन यही होता है– क्या हुआ? कोई बड़ी ख़बर है क्या? दरअसल हमारे काम ने हमें ऐसा बना दिया है। सारी मासूमियत ख़त्म हो चुकी है।

बहरहाल... अनूप से भी मैंने यही सवाल किया। क्या हुआ, कोई बड़ी ख़बर है क्या? वो बोला– हाँ। एक कमल नाम के छात्र ने

सुसाइड कर लिया। मैंने अनमने भाव से कहा– तो क्या हुआ। यह तो आजकल होता ही है। अनूप बोला– नहीं। मामला अलग है। इसलिए कि मरने वाले की कमीज़ की जेब से हमारी सुसाइड वाली ख़बर का पूरा पेज मिला है। अनूप के शब्द मेरे कानों से होकर दिमाग़ तक हथौड़े की तरह टकराये। क्या? हमारी ख़बर... अनूप ने कहा– हाँ। हमारी ख़बर का पेज। मैं सन्न रह गया। हमने इसके लिए तो यह ख़बर नहीं छापी थी। हमारा मकसद जिस घटना को रोकना था, उसी में हमारी ख़बर की हिस्सेदारी? यह तो बहुत चौंकाने वाली बात थी। जैसे किसी दिल के मरीज़ के पास एस्प्रिन की गोलियाँ हों और वह दिल के दौरे से मारा जाये। मैं स्तब्ध था। इस सवाल का जवाब आज तक मेरे पास नहीं है कि आत्महत्या करने वाले छात्र की जेब में हमारी वही ख़बर क्यों मिली थी जो हमने आत्महत्या रोकने के लिए छापी थी। क्या ख़बरों के आँकड़े, दृश्य, घटनाएँ भी मानसिक चोट करती हैं? और क्या हम पेशेवर मापदण्डों के नाम पर 'लक्ष्मण रेखा' लाँघ जाते हैं। आज भी यह घटना मुझे परेशान करती है। मैं यह भी मानने लगा हूँ कि तर्कों के चूल्हों में पकने वाली हमारी ख़बरें कई बार संवेदनाओं को भी बुरी तरह जला देती हैं।

हमारे न्यूज़रूम में भी अजीब खामोशी पसर गयी। कमल की आत्महत्या से नहीं बल्कि उसकी जेब से मिली हमारी ख़बर के सबूत से। क्या इसी ख़बर को पढ़कर कमल आत्महत्या के लिए प्रेरित हुआ? और क्या उसके भीतर इतनी नकारात्मकता घुस चुकी थी कि हमारी यह ख़बर पढ़कर भी वह खुद को भावनात्मक सच से मजबूत नहीं कर सका? यह सवाल हमारी प्रतिष्ठा और विश्वसनीयता के बीच टकराता रहा। कमल की मौत के लिए हमने उसके आसपास फैली जहरीली हवा को जिम्मेदार ठहरा दिया। वही हवा जो मुश्किल में फंसे व्यक्ति को बिल्कुल अकेला कर देती है, जिससे ख़बरों की ताकत भी नहीं बचा सकती है।

ख़बरों की जमा–पूँजी के साथ शाम को न्यज़ रूम फिर सक्रिय हो गया। अनूप ने कमल की आत्महत्या वाली ख़बर लिखी। ख़बर

लिखते वक्त चुपके–चुपके से आँखों में पानी आ गया। कमल की मौत ने उस रात चैन से सोने नहीं दिया। उस दिन मैंने एक निर्णय किया कि आत्महत्या की जब तक कोई बड़ी घटना न हो, अव्वल तो उसे छापेंगे नहीं और अगर छापनी भी पड़े तो उसे अंडरप्ले यानी कहीं भीतर के पेज पर एक–डेढ़ कॉलम में छापेंगे। कारण– मेरा अनुभव है कि आत्महत्या की ख़बरें बहुत नेगेटिव एनर्जी देती है। जैसे ही एक ख़बर छपती है, अगले दिन से ख़बरों की बाढ़ आ जाती है, इसलिए आज मैंने खुद के लिए भी दिशा–निर्देश तय किए। यह फैसला भी लिया कि आत्महत्या की ख़बर में यह तो क़तई नहीं लिखेंगे कि आत्महत्या की कैसे गयी? यह एक सेल्फ मेड गाइडलाइन थी जो मैंने उस वक़्त बनायी थी और आज भी मैं इसे फॉलो करता हूँ। आज भी आत्महत्या की ख़बरें जब भी मुझ तक पहुँचती हैं तो मेरे अन्दर ही अन्दर कुछ घुलने लगता है।

हर पत्रकार का अपना मानवीय दृष्टिकोण है। भावनाओं का यही वेग उसे जीवित भी रखता है। पत्रकारिता एक ज़िम्मेदारी है। यह नसीहत नहीं है। ख़बर, अख़बार और पत्रकार सब इस समाजशास्त्र से बँधे हुए हैं। और ख़बरें कभी ख़त्म नहीं होंगी। इनकी बारूदी सुरंगों में विस्फोट होते रहेंगे।

11
असम्भव सत्य

अगर आँखों से न देख लेते तो ख़बर बनाना तो दूर, यक़ीन तक नहीं करते। घटना ऐसी कि न्यूज़रूम में जिसने देखा, वही बोला–ये कैसे हो सकता है!

आश्चर्य : ट्रेन से कटकर शरीर के दो हिस्से हो गये, धड़ उठकर बोला- मालीवाड़ा का संजू हूँ

अमेरिकी पत्रकार व टाइम मैग्ज़ीन के मैनेजिंग एडिटर रहे हेनरी एनाटोल ग्रुनवाल्ड ने एक बड़ी अच्छी बात कही है। वे कहते हैं कि पत्रकारिता कभी भी शान्त नहीं हो सकती। यही इसका सबसे बड़ा गुण और सबसे बड़ी कमी भी है। इसे बोलना चाहिए और तुरन्त बोलना चाहिए, चाहे फिर वह आश्चर्य की गूँज हो, जीत के दावे हों या फिर हवा में डरावने संकेत। मुझे और मेरे जैसे तमाम पत्रकारों को भी यही लगता है कि अच्छे, बुरे हर हाल में आवाज़ का उठना ज़रूरी है। रही बात गर्म और ठंडी ख़बरों की तो वहाँ तो बोलना और भी ज़रूरी है। इसलिए इस कहानी के माध्यम से एक चौंकाने वाली घटना को शब्द देना चाहता हूँ क्योंकि आप इस ख़बर को पढ़कर वह महसूस नहीं कर पायेंगे, जो बतौर पत्रकार मैंने किया है।

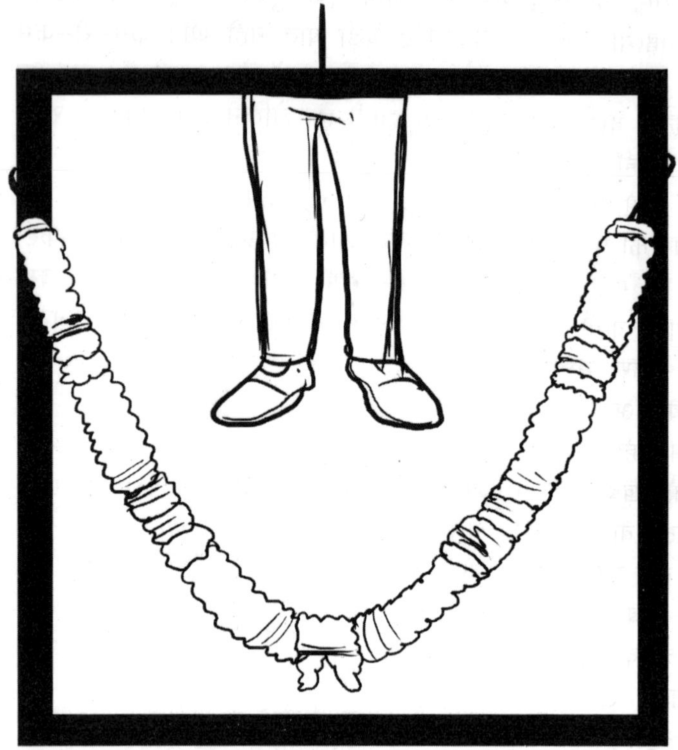

इसलिए इस कहानी की साझेदारी का मकसद आपको उसी अनुभव से रू–ब–रू करवाना है।

फ़रवरी का दूसरा सोमवार था। साल 2018। हमारा न्यूज़रूम करप्शन, क्राइम और कंट्रोवर्सीज़ के ढेर में अपनी कहानियाँ तलाशने में लगा था। सबको रोज़ यही करना होता है और मज़े की बात यह है कि सब कर ही लेते हैं। इसी बीच पूरे देश में फैले दैनिक भास्कर के नेटवर्क से सेंट्रलाइज्ड ख़बरें आ गयीं जो पूरे अख़बार में एक जैसी लगती हैं। बस आकार और पेज नम्बर बदल जाते हैं। कारण– ये ख़बरें ऐसी होती हैं कि देश में कहीं भी हों, सबका इन्हें पढ़ना हम ज़रूरी समझते हैं। इन्हीं दर्ज़नों ख़बरों में से एक ख़बर थी

महाराष्ट्र के नन्दूरबार की। यहाँ एक युवक ने ट्रेन से कटकर आत्महत्या कर ली थी। कोई बड़ी बात नहीं थी। कम–से–कम हम पत्रकारों के लिए तो नहीं। ऐसी ख़बरें रोज़ आती हैं। पेज पर ब्रीफ़ में दायें–बायें कहीं लग जाती हैं। लेकिन इस ख़बर के साथ ऐसा नहीं हुआ।

जैसे यह ख़बर प्रकट हुई पूरा न्यूज़रूम ठहर–सा गया। जब ख़बर की पूरी डिटेल और फ़ोटोज आयीं तो आँखें सबकी फटी–फटी सी रह गयीं। ख़बर जिस हाथ में गयी, वही अचम्भित–सा था। क्या ऐसा भी कभी हो सकता है? देर रात ऐसे सवालों से कई बार न्यूज़रूम का गहरा सन्नाटा टूटता है, लेकिन आज की ख़बर में कुछ अलग ही कौतूहल छिपा था। ऐसी ख़बर से मेरा सामना पहली बार हुआ। न पत्रकार के तौर पर न पाठक के।

> *हमें नहीं पता कि दो हिस्सों में कटे शरीर की ऐसी हलचल पर वहाँ मौज़ूद लोगों को कैसा लगा होगा... चिन्तित हुए या चीख़े होंगे लेकिन कटे शरीर की बोलती तस्वीरों ने हमारे जहन को भीतर तक हिला दिया। ये कैसे हुआ? घनघोर आश्चर्य...। अगर आँखों से न देख लेते तो शायद कभी यक़ीन नहीं करते। कभी नहीं। लेकिन ये सच था।*

अब घटना। जैसे–जैसे शब्दों की झुर्रियाँ काग़ज़ पर उतरने लगीं तो ख़बर का बिल्कुल नया चेहरा हमारे सामने था। दरअसल ट्रेन के नीचे आकर कमर से ठीक दो हिस्सों में बँट चुके युवक की मौत तुरन्त नहीं हुई। दो हिस्सों में बँटे जिस्म में ज़िन्दगी कुछ मिनट छटपटाती रही। इस बीच घटना होते ही उसके आसपास भीड़ लग गयी। सोशल मीडिया के शौक़ीनों ने फ़ोटो और वीडियो लेने शुरू कर दिये। पुलिस भी आ गयी। पुलिस का एक जवान उसके पास गया। तभी उस युवक के धड़ में कुछ हरकत हुई। सब चौंक गये। फ़ोटोग्राफी और तेज़ हो गयी। कोहनियों का सहारा लेकर कमर से कटा हुआ धड़ ऊपर उठा और पुलिस के जवान को बताया–

मैं संजू हूँ, मैं मालीवाड़ा का संजू हूँ। सिर दुबारा झुका, आँखें बन्द हुईं और फिर कभी नहीं खुलीं।

हमें नहीं पता कि दो हिस्सों में कटे शरीर की ऐसी हलचल पर वहाँ मौज़ूद लोगों को कैसा लगा होगा, चिन्तित हुए या चीखे होगें लेकिन कटे शरीर की बोलती तस्वीरों ने हमारे जहन को भीतर तक हिला दिया। ये कैसे हुआ? घनघोर आश्चर्य...। अगर आँखों से न देख लेते तो शायद कभी यक़ीन नहीं करते। कभी नहीं। लेकिन ये सच था। कई फ़ोन और कैमरों में एक साथ दर्ज हुआ सच। पुलिस और चश्मदीदों के बयान भी सच की गवाही दे रहे थे।

सूचनाओं के ढेर से ख़बरों का चयन और फिर उसकी विश्वसनीयता सबसे बड़ी चुनौती है। इतना ही नहीं, इसके बाद ख़बर को रचनात्मक रूप देना भी कम जोख़िम भरा नहीं है। यह काम सिर्फ़ जुनूनी लोग ही कर सकते हैं। पत्रकार के तौर पर काम और व्यक्तिगत ज़िन्दगी के बीच सन्तुलन बनाना सबसे मुश्किल चुनौती है। इसके लिए एक लचीलापन चाहिए, जो सिर्फ़ अनुभवों से हासिल होता है।

ख़तरे–चुनौतियों और सीमाओं से बाहर निकलकर अब फिर ख़बर पर लौटते हैं। न्यूज़रूम में काँपते हाथों से ख़बर का एक से दूसरे व्यक्ति तक पहुँचना जारी था। अब हमें तस्वीरें डाउनलोड होने का इन्तज़ार था। अधिकतर लोग कम्प्यूटर के इर्द–गिर्द इकट्ठा हो गये। एक–एक कर तस्वीरें आयीं। जब सारी आ गयीं तो असमंजस यह था कि इन्हें किस रूप में लगाया जाये कि कहानी का वो दर्द पाठक तक पहुँच सके, जो हमने महसूस किया था। तय हुआ कि इस न्यूज़ की पूरी जान तस्वीरों में ही है। इन तस्वीरों की सारी कड़ियों को जोड़ा जाये। तस्वीरें ही गवाही दे रही थी कि कैसे एक धड़ कुछ पल के लिए उठा– अपना नाम–पता पहचान बताई और फिर खामोश हो गया।

इस ख़बर का मैं प्रत्यक्षदर्शी तो नहीं था, लेकिन सच के सारे सबूत मेरी टेबल पर पड़े थे। जिस दिन यह ख़बर आयी थी, मैं 20 वर्ष से

पत्रकारिता करता रहा एक न्यूज़कर्मी था। मैं भी स्वीकार करता हूँ कि ऐसा रोज़–रोज़ तो क्या, सालों में कभी नहीं होता। चार तस्वीरों में बिखरे संजू के टुकड़ों को हेडिंग, स्टोरी, कैप्शन और लेआउट से हमने ख़बर के सारे सिरों को जोड़ दिया। या यूँ कहूँ कि ख़बर में संजू को ज़िन्दा कर दिया। यह अलग बात है कि यह ज़िन्दगी कुछ पल की थी। सुबह जब पाठकों तक यह ख़बर पहुँची तो उनका विस्मित, अचम्भित और उदास होना तो लाजिमी था। मेरे भीतर भी एक अलग तरह का शोक और शोर आकार ले रहा था।

न्यूज़रूम में दाखिल होने वाली हर ख़बर का अपना एक बाज़ार होता है। एक तय पाठक वर्ग होता है। यह हमारी दैनिक अभ्यास का हिस्सा है कि किस ख़बर को कितना और कैसे अख़बार में फैलाना है। किस मातम में कितना मौन रहना और किन हादसों में संवेदनाओं का आकर्षण पैदा करना है। यह सबकुछ ख़बर को पठनीय और प्रभावी बनाने के लिए ही होता है। इस ख़बर में भी ऐसा ही हुआ। अनिष्ट अगर आश्चर्य से भरा तो आप समझ सकते हैं कि ख़बर के तौर पर उसकी किलकारियों की गूँज कितनी ज़्यादा सुनी जायेगी। संजू की अंतिम चीख के साथ भी ऐसा ही हुआ, लेकिन ख़बर के इस नए और भयानक दर्द के कारण उस रात नींद आँखों में नहीं थी और बशीर बद्र की यही लाइनें दिमाग़ में थीं–

कभी कभी तो छलक पड़ती हैं यूँ ही आँखें
उदास होने को कोई सबब नहीं होता...।

एक बुनियादी सच भी जान लीजिए... पत्रकारों को मानसिक चोटें ऐसी ही लगती हैं। और हाँ, सूचनाओं की गंगा में कुछ ख़बरों के अस्थिकलश कभी नहीं डूबते हैं। तैरते रहते हैं।

12

बर्बरता

कोई इस क़दर भी क्रूर हो सकता है, यक़ीन नहीं हो रहा था लेकिन जो ख़बर सामने थी, उसे देखकर मानना पड़ा कि कई इंसानों के भीतर हैवान बसे हैं।

दोस्त की गैंती से की हत्या, शव जलाया... फिर खुद ही वीडियो बनवाकर वायरल भी कर दिया

सिखा दिया है ज़माने ने बे–बसर रहना
ख़बर की आँच में जल कर भी बे–ख़बर रहना

–वज़ीर आग़ा

अक्सर लोग यही सोचते हैं या फिर यह एक आम धारणा बन चुकी है कि हम पत्रकार व्यावहारिक होते हैं और हमें घटनाओं/हादसों से पीड़ा नहीं होती। यह एक गलत धारणा है इसे बदलना होगा। हर ख़बर हम पर एक अलग असर छोड़कर जाती है। कभी ख़ुशी के आँसू तो कभी ग़म की आह। मायूसी, ग़ुस्सा, बेचैनी, तिलमिलाहट सब ख़बरों के ही बायप्रॉडक्ट हैं। कई अध्ययनों में भी साबित हुआ है कि पत्रकारों और तनाव का गहरा नाता है। वॉशिंगटन पोस्ट के एक लेख में करियर कास्ट नामक

करियर वेबसाइट ने तो जर्नलिज़्म को दुनिया के सबसे बुरे पेशों की सूची में शामिल कर दिया है। लेकिन इन तमाम नुक़सानों के बावजूद पत्रकारिता में एक अलग तरह का नशा है, जो इसे करने वालों को इससे कभी दूर नहीं होने देता। कुछ सीखने तो कभी सिखाने, कभी सच को सामने लाने तो कभी झूठ को उधेड़ने की इस प्रक्रिया में हम पत्रकार अपने काम को बेहद पसन्द करते हैं। असल में इसके रसायन ही कुछ ऐसे हैं कि एक बार करने के बाद आप कभी भी इस काम को छोड़ने के बारे में नहीं सोचते।

यह सच है कि इसे करते–करते आप कई बार दर्द के भँवर में फँसते हैं तो कभी ख़ुशी के मारे सातवें आसमान पर होते हैं। कभी ग़ुस्सा आपके भीतर उबल रहा होता है तो कभी सन्त जैसी एक शान्त

मुस्कान आपके होंठों पर होती है। लेकिन परिस्थिति कोई भी हो ख़बरें हम पर असर डालती हैं और उनसे बेअसर रहना इतना आसान नहीं होता। ख़बरों से निकलने वाला रेडिएशन भी कम ख़तरनाक नहीं है। ख़ासतौर पर वे ख़बरें जो आपको ग़ुस्सा दिलाती हैं, ख़ून खौला देती हैं और कुछ न कर पाने की स्थिति में आपको बेहद बेबस महसूस करवाती हैं। मन में तूफ़ान मचाने वाली ऐसी ही एक ख़बर का ज़िक्र यहाँ करना चाहूँगा।

6 दिसम्बर 2017– रात 11.30 बजे दैनिक भास्कर के उदयपुर एडिटर त्रिभुवन ने मुझे वॉट्सअप पर एक वीडियो भेजा और कहा कि यह एक बड़ी ख़बर है। वह वीडियो नफ़रत, कट्टरता और आतंक से भरा था। एक आदमी स्कूटर पर दूसरे व्यक्ति को साथ लाया था। वीडियो में साफ़ दिखाई दे रहा था कि वह कुछ क़दम चला और फिर पीछे से उसने साथ लाये व्यक्ति पर कुदाल से ताबड़तोड़ वार किये। ऐसा लग रहा था कि वह इस शख़्स की जान लेकर ही मानेगा। कहानी यहीं ख़त्म नहीं होती। मारने वाला अपने साथ एक और नाबालिग बच्चे को साथ लाया था ताकि वह इस पूरी घटना को कैमरे में शूट कर उसे वायरल कर दे। और यह तीसरा शख़्स इसी मकसद से मौत के इस भयानक मंज़र को वीडियो में दर्ज कर रहा था।

> *शम्भू ने 50 वर्षीय अफराजुल को कुदाल से मार–मार कर उसकी जान ले ली। और फिर उसके ऊपर पेट्रोल छिड़ककर फूँक दिया। न मारने–जलाने वाले के हाथ काँपे और ना ही वीडियो बनाने वाले व्यक्ति की नसें चटकीं, यह लोमहर्षक दृश्य देखकर। बल्कि वह शम्भू को बार–बार वीडियो सम्बन्धी डायरेक्शन दे रहा था।*

मारने वाला शम्भूलाल था और वीडियो बनाने वाला उसका भांजा। घटना उदयपुर के राजसमन्द की थी। शम्भू ने 50 वर्षीय अफराजुल

को कुदाल से मार–मार कर उसकी जान ले ली। और फिर उसके ऊपर पेट्रोल छिड़ककर फूँक दिया। न मारने–जलाने वाले के हाथ काँपे और न वीडियो बनाने वाले व्यक्ति की नसें चटकी यह लोमहर्षक दृश्य देखकर। बल्कि वह शम्भू को बार–बार वीडियो सम्बन्धी डायरेक्शन दे रहा था। और चिल्ला–चिल्लाकर कह रहा था, इधर आओ... उधर जाओ, चेहरे को कैमरे के बीच में रखो... जलते हुए शव के सामने उसने शम्भूलाल को बैठाया ताकि पूरी वारदात ठीक से शूट हो सके। मौत की यह पूरी शूटिंग ऐसी हो रही थी मानो वालीवुड की किसी मर्डर मिस्ट्री फ़िल्म का क्लाइमेक्स फ़िल्माया जा रहा हो। इस वीडियो को देखकर ऐसा लग रहा था जैसे हम किसी तालिबानी समाज का हिस्सा हैं और हमारे ही सामने एक भेड़िया समाज हमारे ही किसी अपने को मार रहा है। उफ़! ऐसा प्रतिशोध... क्रोध... चीख... डर... सबकुछ मेरी आँखों में उतरने लगा था।

वीडियो देखकर मेरा दिमाग़ और शरीर पसीना–पसीना हो गया। कुछ चीज़ें आपको बहुत डराती हैं। मुझे डराने वाला यह वैसा ही वीडियो था। अब मुझे यह निर्णय करना था कि ख़बर का करना क्या है? वीडियो से तस्वीरें निकालने की प्रक्रिया शुरू की गयी। हेडलाइन– दोस्त बनकर खेत ५र ले गया, गैंती से की हत्या, पेट्रोल डालकर शव जलाया, फिर पूरी घटना का वीडियो बनवाया, फिर भड़काऊ भाषण के साथ किया वायरल। पूरी ख़बर इन्हीं शब्दों के आसपास बुनी गयी। दर्दनाक मौत और विवाद बेचने की कला हम पत्रकार को अच्छे से आती है। मेरे लिए यह आश्चर्यजनक घटना थी। लेकिन मैं अवाक् और सकते में था। पूरे वीडियो के एक–एक हिस्से को मैंने कई बार देखा। मेरे सामने कुछ पल पहले ज़िन्दा एक व्यक्ति लाश बन चुका था और जब दृश्य कुछ आगे बढ़े तो उसे पेट्रोल डालकर जलाया जा रहा था।

जैसे–जैसे वीडियो के दृश्य आगे बढ़ते गये नफरत और हिंसा का क्रूर चेहरा और भयानक होता गया। मुझे लगा शम्भूलाल मेरे पास ही खड़ा यह सब कर रहा था लेकिन हाथ मेरे काँप रहे थे।

पाठकों को पूरा वाक़्या बताने की जद्दोजहद में मुझे न सिर्फ़ ये बर्बर वीडियो कई बार देखना पड़ा, बल्कि एक चलते–फिरते आदमी के लाश में बदलने तक की हर तस्वीर को अपने वीडियो एडिटर से कटवाकर फ्रेम करना पड़ा। यहाँ फ़ोटो नहीं, मेरे भीतर की संवेदनाएँ कट रही थीं। कभी इस हत्यारे के प्रति तो कभी ऐसा काम भी करना पड़ता है, यह सोचकर मुझे घृणा हो रही थी। लेकिन मेरे भीतर का पत्रकार जो जाने कब से मेरी संवेदनाओं पर हुकूमत कर चुका था, मुझे कह रहा था, जो हुआ सो हुआ, ख़बर व फ़ोटो बेस्ट ही होनी चाहिए। सुबह पाठक के सभी सवाल शान्त हो जाने चाहिए। मेरे भीतर की अशान्ति का क्या? वो तो शायद यूँ ही रहेगी और काम भी मुसलसल चलता रहेगा। किसी के जीने या इतनी वीभत्सता से मारे जाने से क्या फ़र्क़ पड़ता है? मैंने खुद को सँभाला। एक आवाज़ मेरे भीतर से आयी– संवेदनाओं को ठोकर मारो और आगे बढ़ो। सुबह अख़बार में यह ख़बर सबसे अच्छी अपनी होनी चाहिए।

ख़बर सनसनीखेज थी। पूरा न्यूज़रूम अपने काम में जुट गया। अच्छी आक्रामक हेडलाइन– प्रभावी कॉपी और ख़ूबसूरत ले–आउट फाइनल हो गया। ऐसी ख़बरों से लड़ने के हमारे ये ही गोला–बारूद हैं। ख़बर की पंचलाइन यही रखी गयी कि ऐसी घटना आख़िर क्यों हुई? दरअसल नफ़रत, धार्मिक कट्टरता और ग़ुस्से से लबरेज़ यह कृत्य शम्भूलाल ने सिर्फ़ इसलिए किया कि मृतक ने उसके पड़ोसी की बेटी को भगाकर उससे शादी कर ली थी। शम्भू लव जिहाद के ज़हर में अन्धा हो गया था। एक वर्ग के प्रति उसकी क्रूरता का यह सबसे ख़तरनाक चेहरा था। हमने ख़बर को हर एंगल से देखा। शब्दों के सारे अस्त्र–शस्त्र, धनुष–बाण फिट किये। मेरी कोशिश यही थी कि यह क्रूरता और वहशीपन प्रचंड ताकत के साथ सुबह अख़बार में दिखाई दे। ख़बर ऐसी धूम मचाए कि पूरी व्यवस्था हिल जाये। पाठकों के बीच ख़बर की शिनाख्त बिल्कुल अलग हो। अजीब सा ग़ुस्सा मेरे दिमाग पर भी भारी था। ख़बर फ्रंट पेज की लीड बन गयी। आठ कॉलम। आधी रात तक इस हिंसक ख़बर पर काम करते

हमारा पूरा न्यूज़रूम पत्थर का हो चुका था। न हममें चीखने की ताकत बची, न रोने की।

देर रात क़रीब एक बजे मैंने दफ़्तर छोड़ दिया। यह ख़बर घर तक मेरा पीछा करती रही। पूरी रात दिमाग़ के अवचेतन वाले भाग में यही क़त्ल और मृतक को जलाने वाली आग मेरे कलेजे को सुलगाती रही। कहना चाहता हूँ कि न्यूज़रूम में हर रोज़ उग्र ख़बरों से हमारी जो मुठभेड़ होती है, वह अख़बार छापने के लिए रिलीज करते ही युद्ध विराम का रूप ले लेती है, लेकिन आज बेचैनी बिस्तर तक मेरे साथ थी।

सुबह यह ख़बर सबकी ज़ुबान पर थी, लोगों में ग़ुस्सा भी था। सारे सम्पादकीय साथी ख़ुश थे कि हमने ख़बर को सबसे अलग और प्रभावी चेहरा दिया है। एक व्यक्ति की साम्प्रदायिक हिंसा और उसके पागलपन की दीवार को हमने ख़बर के ज़रिये ढहाने की कोशिश की है, लेकिन बीती रात ख़बर को उसकी असल शक्ल में लाते–लाते, हम किस प्रक्रिया, दर्द, ग़ुस्से और यातना भरे दौर से गुज़रे यह कभी ख़बर नहीं बन पाता। बस एक सन्नाटा हमारे भीतर चीख़ता रहता है। आज शाम जब मैं फिर न्यूज़रूम में लौटूँगा, तनाव की नयी नस्ल मेरा इन्तज़ार कर रही होगी।

एक पत्रकार का ख़बर से बस एक रात का ही नजदीकी रिश्ता है। आप इसे हकीकत कहें या अफसाना...ख़बरों की शवयात्रा में पत्रकार ऐसे ही शामिल होता है।

13

कुदरत का क़हर

केदारनाथ त्रासदी : महज़ एक ख़बर ही तो थी, जिसे सबने ख़ारिज़ किया...प्रकृति ने सच को यूँ साबित किया कि मन्दिर खँडहर हो गया और पहाड़ क़ब्रिस्तान।

2004 की एक ग़लती ने 2013 में ली दस हज़ार लोगों की जान, सज़ा आज तक किसी को नहीं

वह 15–16 जुलाई 2004 का ख़ूबसूरत दिन था। सूरज घर के बरामदे में अच्छा लगने लगा था। काले और नमी से भरे बादल लम्बी और सूखी गर्मी के ख़त्म होने का इशारा कर रहे थे। आप कह सकते हैं कि मानसून हिमालय में पहुँच गया है और अब पहाड़ की ख़ूबसूरत तस्वीर एक स्वप्न की मानिन्द हमारे सामने आने वाली है। यह वही रूमानियत है जिसके लिए देहरादून मशहूर है। यानी इस घाटी में पहाड़ की कठिनाई और ऊँचाई तो नहीं है लेकिन उसकी आब–ओ–हवा बदस्तूर महसूस कर सकते हैं। दूसरे लफ़्ज़ों में शहर का शहर और पहाड़ का पहाड़।

किसी से सुना है कि ज़िन्दगी लकीरों और तक़दीरों का खेल है। मेरे क़लम की लकीरें, पहाड़ की पथरीली पगडंडियों से यूँ ही नहीं जुड़ जातीं। पहाड़ और इससे मेरा कभी न ख़त्म होने वाला

आकर्षण कोई इत्तेफ़ाक़ नहीं है। बस यूँ कहिए कि एक–एक वाक़या और बात चुन–चुनकर लिखी और रखी गयी है। पत्रकार के तौर पर चाहे वो देहरादून में रहते हुए एनवायरमेंट और वैदर रिपोर्टिंग करना हो या इसी ज़िम्मेदारी के रहते कँपा देने वाली केदारनाथ त्रासदी की वैज्ञानिक भविष्यवाणी इसके घटने से दस साल पहले कर देना हो।

आपको याद दिलाना ज़रूरी है कि केदारनाथ त्रासदी जून 2013 में हुई। इस हादसे में दस हज़ार से ज़्यादा लोग मारे गये। कितने लापता हैं यह आज तक राज़ ही है। लेकिन एक दूसरा सच यह है कि तमाम रिसर्च और सूबतों के आधार पर मैंने अपनी एक रिपोर्ट में इसकी भविष्यवाणी 2004 में ही कर दी थी। पत्रकार के तौर पर यह एक सनसनीखेज खुलासा था। लेकिन सरकारी व्यवस्था केदारनाथ मन्दिर और अपने कामकाजी सम्मोहन में इस क़दर लिप्त थी कि उसे मेरे सारे दस्तावेज़ी सच पूरी तरह झूठे ही लगे। और पूरी ज़िम्मेदारी से यह भी कह रहा हूँ कि आप जिस वक़्त या जिस भी कालखण्ड में

केदारनाथ त्रासदी की इस कहानी से गुज़रेंगे इसे पढ़ते वक़्त त्रासदी की कराह, और कराहकर रोते हजारों श्रद्धालुओं की चीखें आपको ज़रूर सुनाई देंगी।

यह कहानी कुछ पुरानी ज़रूर है लेकिन आज भी बिल्कुल ताज़ा। इसके एक–एक पात्र किसी दुराग्रह से नहीं गढ़े गये हैं। सभी सच के साक्षी हैं। कहानी का क्रूर घटनाक्रम कुछ इस तरह है। उन दिनों मैं दैनिक जागरण के देहरादून संस्करण में विशेष संवाददाता हुआ करता था। हिमालय और उसके ग्लेशियर मेरी ज़िन्दगी का हिस्सा तो थे ही, अब रिपोर्टिंग का हिस्सा भी थे। इसी कारण जब भी मेरे सर्किल में किसी को पहाड़ से जुड़ी किसी हलचल की जानकारी मिलती, ख़बर मुझ तक पहुँच जाती। मेरा काम होता उसकी जड़ तक पहुँचना और सच सामने लाना। इसी दौरान जब मुझे पता चला कि केदारनाथ के ठीक ऊपर स्थित चौराबाड़ी ग्लेशियर पर ग्लेशियोलॉजिस्ट की एक टीम रिपोर्ट तैयार कर रही है तो मेरी भी दिलचस्पी बढ़ गयी। मैं देहरादून से ऊखीमठ और फिर गौरीकुण्ड होते हुए केदारनाथ जा पहुँचा।

केदारनाथ से चौराबाड़ी ग्लेशियर की दूरी 6 किलोमीटर है। 8 जुलाई 2004 को जब मैं उस ग्लेशियर लेक के पास पहुँचा तो वहाँ मेरी मुलाक़ात वाडिया इंस्टीट्यूट के ग्लेशियोलॉजिस्ट डॉ. डीपी डोभाल से (अब वे यहाँ एचओडी हैं) हुई। डोभाल उस वक़्त वहाँ उस झील की निगरानी के लिए अपने यन्त्र इन्स्टॉल कर रहे थे। झील का जलस्तर 4 मीटर के आसपास रहा होगा। मैंने पूछा– जलस्तर नापने और ग्लेशियर के अध्ययन के मायने क्या हैं? डोभाल कुछ हिचकते हुए बोले– मन्दिर के ठीक ऊपर होने के कारण चौराबाड़ी झील के स्तर से केदारनाथ सीधे जुड़ा है। यदि जलस्तर ख़तरे से ऊपर जाता है तो कभी भी केदारनाथ मन्दिर और आसपास के इलाके में तबाही आ सकती है। मेरी जिज्ञासा डोभाल के जवाब से और बढ़ गयी। मैंने फिर पूछा– क्या इतना पुराना मन्दिर भी इस झील के सैलाब में बह सकता है? उनका जवाब था, हाँ। यह सम्भव है, लेकिन अभी

तक झील का स्तर ख़तरनाक होने के प्रमाण नहीं मिले हैं। यदि यह 11 से 12 मीटर तक पहुँचता है तो ज़रूर ख़तरा होगा। उन्होंने बात सँभालते हुए कहा– एवलांच तो इस इलाके के लिए आम हैं। ये कितने ख़तरनाक हो सकते हैं, किसी से छुपा नहीं है। यदि झील का स्तर बढ़ा तो एवलांच के साथ मिलकर यह किसी बम से भी ज़्यादा ख़तरनाक असर वाला होगा। यूँ समझिए कि बम के साथ बारूद का ढेर रखा है। बम फटा तो बारूद उसका असर कई गुणा बढ़ा देगा। मेरे माथे पर शिकन पड़ गयी। ख़बर का कुछ मसौदा मिलता दिखाई दिया। अब मेरा सवाल था, इतना ख़तरा? फिर तो काफ़ी दिन से निगरानी चल रही होगी? मेरे सीधे सवालों से लगातार परेशान हो रहे डोभाल ने झल्लाते हुए कहा– हाँ, 2003 से। इसके बाद उन्होंने मेरे बाक़ी सवाल अनसुने कर दिये। बातचीत का क्रम टूट गया।

> *बात 2004 की तो है; सवाल सिर्फ़ हिन्दू आस्था के एक बड़े तीर्थ केदारनाथ से ही नहीं, कई लोगों की ज़िन्दगी से भी सीधा जुड़ा था। चौराबाड़ी ग्लेशियर झील की कुछ तस्वीरें लेकर मैं देहरादून पटेल नगर स्थित अपने दफ़्तर लौट आया। केदारनाथ के ख़तरे और चौराबाड़ी ग्लेशियर की नाज़ुक स्थिति पर ख़बर लिखकर मैंने पहला ड्राफ्ट तत्कालीन सम्पादक अशोक पाण्डे को सौंपा। इसे पढ़कर वे भी चौंक गये।*

केदारनाथ के ठीक ऊपर पल रहे एक ख़तरे ने मुझे चौकन्ना कर दिया। पत्रकारों को ख़बरों का रोग होता है। फिर एक ख़बरनवीस के तौर पर ख़बर ब्रेक करने की बेचैनी कैसी रही होगी, आप समझ सकते हैं। जानकारी बेहद अहम थी। सवाल सिर्फ़ हिन्दू आस्था के एक बड़े तीर्थ केदारनाथ से ही नहीं, कई लोगों की ज़िन्दगी से भी सीधे जुड़ा था। चौराबाड़ी ग्लेशियर झील की कुछ तस्वीरें लेकर मैं देहरादून पटेल नगर स्थित अपने दफ़्तर लौट आया।

केदारनाथ के ख़तरे और चौराबाड़ी ग्लेशियर की नाज़ुक स्थिति पर ख़बर लिखकर मैंने पहला ड्राफ्ट तत्कालीन सम्पादक अशोक पाण्डे को सौंपा। इसे पढ़कर वे भी चौंक गये। बोले, ग्लेशियर, झील और एवलांच कैसे केदारनाथ जैसे ऐतिहासिक मन्दिर के लिए ख़तरा हो सकते हैं? मैंने इतना ही कहा, विशेषज्ञ ग्लेशियर झीलों पर जाकर 2003 से ग्राउंड स्टडी कर रहे हैं। डाटा इकट्ठा किया जा रहा है। टीम बनी है। इतना सब कुछ किसी आधार पर ही कर रहे होंगे। मैं ख़ुद उन्हें ये सब करते हुए देखकर आया हूँ। जवाब मिला– लेकिन कोई कुछ बता क्यों नहीं रहा? प्रशासन में तो कोई जानकारी होगी? क्या सीएम या किसी मन्त्री से कुछ पूछा? सबके वर्जन हैं या नहीं? मैं चुप था। मैंने समझाने की कोशिश की– सर, अगर बात इतनी आगे पहुँच गयी तो ख़बर सबको मिल जायेगी। फिर मेरे वहाँ रातोंरात जाने का क्या फ़ायदा? अब मैंने अपनी पत्रकारीय ज़िम्मेदारी का हवाला देते हुए ख़बर छापने पर ज़ोर दिया।

> *वाडिया इंस्टीट्यूट के कार्यवाहक डायरेक्टर और भू–वैज्ञानिक ए के नन्दा (डायरेक्टर प्रो. बी आर अरोड़ा उस वक़्त छुट्टी पर थे) ने ग़ुस्से में मुझे फ़ोन किया। बौखलाहट में बोले– यह क्या छाप दिया है। आपको कुछ ग़लतफ़हमी है। हमारा कोई वैज्ञानिक चौराबाड़ी झील पर गया ही नहीं है और न ही हम कोई ऐसी रिपोर्ट तैयार कर रहे हैं। यह कैसे छाप दिया, एकबारगी तो मैं भी हैरान रह गया कि यह क्या हो गया।*

फिर भी लम्बे तर्क–वितर्क हुए। ख़बर में कुछ काट–छाँट भी। इसके बाद ख़बर छपने के लिए तैयार हुई। मामला चूँकि बड़ा था इसलिए पाण्डे जी ने कानपुर स्थित दैनिक जागरण के हैड ऑफ़िस में फ़ोन कर जानकारी दे दी। अन्त में, एक अगस्त के दिन फ़ैसला हुआ कि ख़बर वाक़ई बड़ी है और फ्रंट पेज की लीड बनायी जाये।

ख़बर छपने के बाद चौराबाड़ी झील तो ख़ैर नहीं फटी, लेकिन मेरे ऑफ़िस में पूछ–ताछ का एवलांच सा आ गया। वाडिया इंस्टीट्यूट के कार्यवाहक डायरेक्टर और भू–वैज्ञानिक ए के नन्दा (डायरेक्टर प्रो. बी आर अरोड़ा उस वक़्त छुट्टी पर थे) ने ग़ुस्से में मुझे फ़ोन किया। बौखलाहट में बोले– यह क्या छाप दिया है। आपको कुछ ग़लतफ़हमी है। हमारा कोई वैज्ञानिक चौराबाड़ी लेक पर गया ही नहीं है और न ही हम कोई ऐसी रिपोर्ट तैयार कर रहे हैं। एकबारगी तो मैं भी हैरान रह गया। मैंने कहा यह ख़बर दफ़्तर में बैठकर नहीं लिखी है। झील पर होकर आया हूँ। वही लिखा है जो मुझे आपके ही एक वैज्ञानिक डी पी डोभाल ने बताया है। न तो उन्होंने मेरी दलील सुनी और न यक़ीन किया। और तो और उन्होंने ख़बर के ग़लत और बेबुनियाद होने का एक लम्बा–चौड़ा नोटिस भी इंस्टीट्यूट की ओर से भेज दिया। मुझ पर खण्डन छापने के लिए दबाव डाला गया। इंस्टीट्यूट में आने के लिए भी मुझ पर पाबन्दी लगा दी गयी। पत्रकार जानते हैं कि जब किसी रिपोर्टर की ख़बर फ्रंट पेज की लीड ख़बर बनी हो और उसे ग़लत करार दे दिया जाये तो उस पर कितना दबाव रहता है। साथी पत्रकार भी टेढ़े–मेढ़े कयास लगाने लगते हैं। मेरे पास पर्याप्त सबूत और रिकॉर्डिंग्स होने के कारण खण्डन–मण्डन तो नहीं छपा लेकिन मेरी इस ख़बर ने मुझ पर सन्देह का एवलांच ज़रूर छोड़ दिया। ज़ाहिर है, इंस्टीट्यूट ने सवाल–जवाब डोभाल से भी किये। मैंने भी बाद में उनसे मिलकर अपनी ख़बर पर बात करनी चाही कि आख़िर इसमें ग़लत क्या था? जवाब तो नहीं मिला, लेकिन उन्होंने मुझसे दूरी ज़रूर बना ली। ख़बर से मची हलचल भी धीरे–धीरे थम गयी। लेक की निगरानी कर रही टीम देहरादून लौट आयी। प्रोजेक्ट रोक दिया गया।

अक्टूबर 2004 में मैंने दैनिक जागरण देहरादून छोड़ दिया। ख़बर भी भुला दी गयी। खुद पर उठे सवालों का जवाब देने की बेचैनी मन में ही बनी रही। मैं उत्तराखण्ड से राजस्थान, फिर कश्मीर

और फिर राजस्थान आ गया। बेहतर से और बेहतर होने की यह यात्रा चलती रही। ज़िन्दगी सिखाती रही, मैं सीखता रहा।

समय के साथ बहुत कुछ बदला। बेहिसाब चुनौतियाँ भी आयीं लेकिन कुछ चीज़ों की पहचान कभी ख़त्म नहीं हुई। देहरादून छोड़ने के नौ साल बाद 15–16 जून 2013 की अलसुबह चौराबाड़ी का सच केदारनाथ की तबाही के तौर पर पहाड़ से नीचे उतरा। मेरी ख़बर के सच का खुलासा इस तरह होगा, मैंने कभी नहीं सोचा था। कुछ ऐसे कि इसने मुझे हिला दिया और दुनिया को भी। मैं दुखी था। दिल भी रो पड़ा। चाँद की तरह गोल चौराबाड़ी झील पहाड़ों को भी खा गयी। सब बहा ले गयी। पीड़ा और उत्तेजना दोनों मुझ पर हावी होने लगे। आज मैं उस दिन को कोस रहा था जब इस ख़बर के सही होने की ज़िद पकड़े था। तब मैं चाहता था कि यह ख़बर सही हो, आज मुझे अपनी चाहत पर अफ़सोस और क्षोभ था। पत्रकार की जीत थी, मगर जीवन प्रकृति से हार गया था।

दुनिया छोटी है और गोल भी। 2004 में छोड़ी अपनी बीट पर जून 2013 में मैं फिर तैनात था। तब दैनिक जागरण, आज दैनिक भास्कर। पत्रकार के लिए ग्राउंड पर जाकर रिपोर्ट करना ही सबसे महत्त्वपूर्ण है। देहरादून जाकर मैं डोभाल से मिला। मेरे जाने के बाद उनके साथ इस ख़बर के बारे में क्या–क्या हुआ मैं नहीं जानता। लेकिन तबाही के बाद ए के नन्दा ने डोभाल को फिर फ़ोन किया और कहा– डोभाल तुम भी उस वक़्त सही थे और उस पत्रकार की वह ख़बर भी सही थी। ये स्वीकारोक्ति महज़ औपचारिक थी। ख़बर पर तो प्रकृति की निर्मम मुहर पहले ही लग चुकी थी। मैं चौराबाड़ी ग्लेशियर भी गया। जिस नीली झील को नौ साल पहले मैंने लबालब देखा था आज जैसे यहाँ किसी ने ट्रैक्टर चलाकर उसे सपाट कर दिया हो। झील नहीं यहाँ उसके अवशेष ही शेष थे। केदारनाथ तबाही का ये एपिसेंटर उजाड़ और वीरान पड़ा था। व्यवस्था के छल–कपटों से मची चीख–पुकार मुझे आज भी परेशान करती है। ख़बर को एक्शन, थ्रिलर बनाने

के लिए सभी दुश्वारियों से भी टकराए, लेकिन तर्क तीर नहीं बन सके। जंग लगी व्यवस्था को मेरी यह ख़बर चुनौती नहीं दे सकी। 2004 में ही खुलासे का खात्मा हो गया। संतोष बस इतना है कि 2004 की ख़बर ने 2013 मे अपना क्रूरतम चेहरा दिखाया, लेकिन मानवीय घावों से भरा यह कैसा संतोष?

और क्या लिखा जाये। नन्दा कुछ साल पहले रिटायर हो चुके हैं। डोभाल अब वाडिया में विभागाध्यक्ष हैं और किसी और ग्लेशियर पर काम कर रहे हैं। लेकिन हम सब को यह सच सालता है कि चौराबाड़ी झील को पालने–पोसने की भारी कीमत केदारनाथ हादसे के रूप में पूरे देश ने चुकाई है। लापरवाह, अकड़ व्यवस्था के प्रकृति ने प्रतिशोध लिया। दस हजार से भी ज़्यादा मौतें हुईं।

एक पत्रकार के तौर पर अब मेरा सच। अक्सर हम खुद को यह दिलासा देते हैं कि हमने ख़बर के हर पहलू पर काम किया। ख़बर के अंदर तक झांका। लेकिन मैं यक़ीनी तौर पर कह सकता हूँ कि आपदा के तीन अक्षर, आशा के दो अक्षरों पर भारी रहे हैं। और यह कहानी भरोसे के बनने की नहीं, भरोसे के टूटने की कहानी भी है।

14
अनूठी आस्था

दुनियावी मोह–माया छोड़ चुके सन्तों के निर्वाण के बाद भी जारी रहती समाज की श्रद्धा का न्यूज़रूम ने एक नया रूप देखा। शायद हमें पहले पता नहीं थे ये रिवाज।

जैन मुनि तरुण सागर का निधन, कन्धा देने से लेकर फूल-सिक्के उछालने तक हर रस्म की बोली

सबसे पहले ख़बर... जैन मुनि तरुण सागर का निधन। दाह संस्कार की तैयारी शुरू होते ही संस्कार से जुड़ी क्रियाओं की बोली। कन्धा देने से लेकर फूल व सिक्के उछालने तक का अधिकार अलग–अलग लोगों ने अपनी श्रद्धा के अनुसार राशि देकर प्राप्त किये।

अब फिर एक उलझन... क्या ऐसी ख़बर छपनी चाहिए? आस्था है लेकिन इसमें अख़बार के पाठक के लिए क्या है? न्यूज़रूम में यह चर्चा रुटीन का हिस्सा है।

फिर फ़ैसला... अलग किस्म की ख़बर है। ख़बरों का अंकगणित भी यही कहता है कि जानकारी अगर नयी है, किसी बड़े वर्ग को जोड़ने वाली है, सूचनाओं के रूखेपन को तोड़ती है तो जानी ही चाहिए।

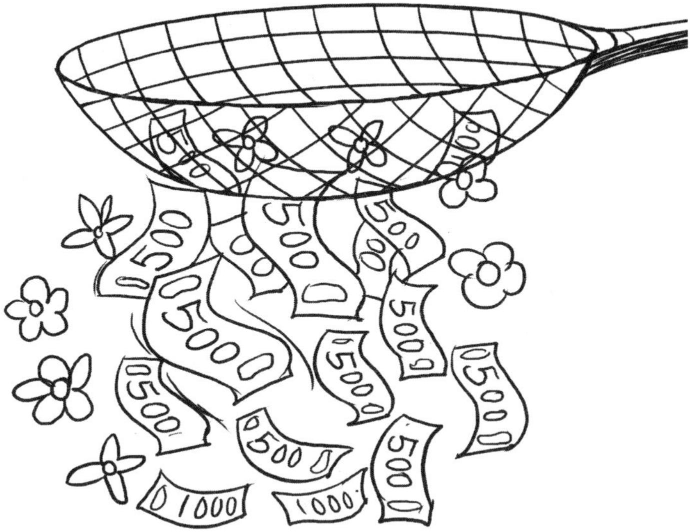

ख़बर की गरिमा और गम्भीरता के बीच सन्तुलन साधकर ख़बर बनने की प्रक्रिया शुरू हो गयी। मेरी जानकारी में था कि जैन समाज की अपने सन्तों में गहरी आस्था होती है। दुनियावी मोह–माया छोड़ चुके जैन सन्तों को सिर्फ़ जैन समाज नहीं, सभी लोग आदर और सम्मान देते हैं। और ये सन्त भी त्याग, तपस्या, परमार्थ और परसेवा का आदर्श रूप बनकर अपना पूरा जीवन दूसरों के उद्धार और भलाई में लगा देते हैं। यह सब बातें मुझे पहले से ज्ञात थीं। वैसे भी पत्रकारिता में धर्म बहुत ही संवेदनशील विषय है। हर पत्रकार धर्म से जुड़ी ख़बरों को अतिरिक्त सावधानी के साथ उलट–पलटकर देखता है। लिखता है।

जो मुझे नहीं पता था, वो सचमुच आश्चर्य से कम नहीं था। वो यह कि सन्तों के प्रति आस्था का यह क्रम समाज उनके जीवन पर्यन्त तो रखता ही है, उनके निर्वाण के बाद भी जैन सन्तों के प्रति श्रद्धा में ज़रा भी कमी नहीं आती। बल्कि आस्था इतनी बढ़ जाती है कि वो प्रतिस्पर्धा का रूप ले लेती है। प्रतिस्पर्धा इन सन्तों

के अन्तिम संस्कार की अलग–अलग रस्में निभाने की। मुझे सुनकर बहुत हैरानी हुई कि सन्तों के निर्वाण के बाद उनके अन्तिम संस्कार से जुड़ी अलग–अलग रस्में कौन करेगा, इसके लिए बोलियाँ लगती हैं। और ये बोलियाँ बड़ी रकम, ज़्यादातर करोड़ों देकर हासिल की जाती हैं। यह क्या रूप है आस्था का... श्रद्धा का यह लेखा–जोखा अलग, एकदम अद्भुत। पत्रकार के तौर पर धर्म समाज की यह अलग–अनूठी ख़बर है। ऐसी ख़बरें रोज़ नहीं आतीं। जब आती हैं भीतर तक एक खलबली मचा देती हैं।

यह वाक़या 5 सितम्बर 2018 यानी शिक्षक दिवस का है। दो दिन पहले ही राष्ट्रीय सन्त और कड़वे प्रवचन नाम से प्रसिद्ध उपदेश शृंखला के लेखक मुनि तरुण सागर का परिनिर्वाण हुआ। आज उनका अन्तिम संस्कार होना था। ख़बरें आयीं कि परम्पराओं के अनुसार उनकी अन्तिम क्रियाओं की बोली करोड़ों में लगी है। इन अन्तिम क्रियाओं के कई भाग होते हैं। और हर भाग की अलग बोली होती है। जैसे अग्नि संस्कार देने की बोली, सोने और चाँदी के सिक्के उछाल की बोली, गुलाल उछाल की बोली, मुहपति की बोली, बायाँ और दायाँ कन्धा देने की बोली। ये सारी बोलियाँ समाज के अलग–अलग लोगों ने अपनी श्रद्धा के अनुसार अधिक–से–अधिक क़ीमत देकर हासिल कीं। यहाँ राशि कितनी थी, यह क़तई मायने नहीं रखती। मायने रखती है वो अपार श्रद्धा, जिसके रहते मुनि तरुण सागर के हर अनुयायी में उनके

> “
>
> *ये सारी बोलियाँ समाज के अलग–अलग लोगों ने अपनी श्रद्धा के अनुसार अधिक से अधिक क़ीमत देकर हासिल कीं। यहाँ राशि कितनी थी, यह क़तई मायने नहीं रखती। मायने रखती है वो अपार श्रद्धा, मुनि तरुण सागर के अन्तिम संस्कार की बोली लगी 1 करोड़ 94 लाख रुपये, हर अनुयायी में उनके अन्तिम संस्कार की कोई क्रिया पाने की होड़ सी लग गयी।*

अन्तिम संस्कार की कोई–न–कोई क्रिया पाने की होड़ सी लग गयी। सन्त के प्रति समाज का यह समर्पण क़ाबिलेग़ौर है।

यह एक अलग तरह की ख़बर थी। मेरे लिए हैरत से भरी, लेकिन जिन्हें इस अनूठी रस्म का पता है, वे आस्था के इस रोजनामचे में हिस्सेदार हैं। इस दुर्लभतम संयोग का हर कोई दावेदार बनना चाहता था। ख़बर धीरे–धीरे आकार लेने लगी। कहीं कुछ मिस हो रहा था। अब मेरे भीतर का पत्रकार सवाल पूछने लगा। किस क्रिया की कितनी बोली? अगर यह पता नहीं चला तो ख़बर पूरी कैसे होगी? दिल्ली संवाददाता से सम्पर्क साधा। पूछा बोली कितने में किसने ली? जवाब था कि धर्म और आस्था से जुड़ा मामला है, इसलिए कोई सीधे–सीधे नहीं बतायेगा, लेकिन मैं अपने सूत्रों से पता करता हूँ। ख़बर का दायरा अब यूँ खुला। मुनि तरुण सागर के अन्तिम संस्कार की बोली 1 करोड़ 94 लाख रुपये में हासिल की गयी। इसी तरह सिक्के (सोने–चाँदी के सिक्के) उछाल की बोली 21 लाख में व गुलाल उछालने की बोली 41 लाख में उनके अनुयायियों ने प्राप्त की। अन्तिम संस्कार यूपी के मुरादनगर में हुआ जिसमें पूरे देश व दुनिया के जाने–माने लोगों ने शिरकत की।

पूरी शालीनता से हमने ख़बर तैयार की। पूरी गरिमा, गम्भीरता से शब्दों का चयन हुआ। जैसा कि अक्सर पाठकों को रिझाने के लिए हम ख़बर में एक नज़रिया (पॉइंट ऑफ व्यू) डाल देते हैं, वैसा यहाँ भी हुआ। हमने सिर्फ़ तथ्य रखे। वही जानकारी दी जो ज़रूरी थी। धर्म और आस्था से जुड़ी ख़बरें अतिरिक्त सजगता की माँग करती है। ऐसी ख़बरों में मैं विचार व्यक्त करने में हमेशा बचता हूँ। धार्मिक ख़बरें अनुशासन की माँग करती हैं।

आप कह सकते हैं कि जैन मुनि तरुण सागर के प्रति उनके अनुयायियों की अपनी आस्था है। अन्तिम क्रिया के लिए जो रकम अदा की गयी, उसे क्यों छापा जा रहा है? मेरा जवाब होगा कि जैन मुनि के प्रति उनके अनुयायियों की आस्था और भावनात्मक–आध्यात्मिक लगाव हम सब जानते हैं। ऐसे में उसका आर्थिक पक्ष

भी लिख दिया जाये तो क्या बुरा है? आख़िर उनके अनुयायियों की मुनिश्री के जीवन से समाधि तक रही आस्था का कोई भी पहलू क्यों छिपाया जाये? आख़िर पत्रकारिता में ख़बर लिखे जाने के भी कुछ मापदण्ड होते हैं।

अख़बारों के न्यूज़रूम में आस्था और अन्धविश्वास के अपने–अपने मायने हैं। ख़बरों की हथेलियों में ये शब्द रोज़ गिरते–फिसलते रहते हैं। यह पूर्वाग्रह नहीं बल्कि सच्चाई है कि आस्था का अतिरेक ही अन्धविश्वास है लेकिन अन्ध के साथ एक शब्द विश्वास भी जुड़ा हुआ है। यह हम पर है कि हम किसे चुनते हैं। लेकिन पत्रकार के तौर पर मैं यह स्वीकारना चाहता हूँ कि हम पत्रकार हर पवित्रता, आस्था, समर्पण और विश्वास को कभी भी सीधी नज़र से नहीं देखते हैं। हर घटना पर सवाल पत्रकारिता का अहम हिस्सा है। एक क़बूलनामा और। पत्रकार के लिए यह प्रक्रिया आसान तो बिल्कुल नहीं है। ख़बर के अन्दर के अन्दर की ख़बर के भीतर झाँकना बहुत मुश्किल काम है। मसला अगर धर्म का है तो चुनौती की सीमाएँ अपरम्पार हैं।

15

हारती ज़िन्दगी

8 नवम्बर 2016 को प्रधानमन्त्री नरेन्द्र मोदी टीवी पर नोटबन्दी की घोषणा कर रहे थे, उधर न्यूज़रूम में कोटा में छात्रों की आत्महत्या के 23 क़बूलनामे तैयार हो रहे थे।

मम्मी... फ़ोन पर पहले आप भी मार्क्स ही पूछते हो, कभी यह नहीं पूछा कि बेटा तू कैसा है?

ब्रेकिंग, सेलिब्रिटी और पॉलिटिकल तमाशों की ख़बरें न्यूज चैनल की टीआरपी और अख़बारों का सर्कुलेशन बढ़ाने में विशेष योगदान देती हैं। ऐसी ख़बरें जिस भी दिन घटती हैं तो प्रिंट और टीवी न्यूज़रूम का माहौल ही अलग होता है। पूरा दारोमदार उसी ख़बर की सजावट, ऐंगल और प्रस्तुति पर रहता है। अब कल्पना कीजिए कि इस माहौल में अगर कोई संवेदनशील घटना घट जाये? निश्चित तौर पर कुछ ख़ास नहीं बदलता। घटना अगर बहुत बड़ी नहीं है तो एक–दो कॉलम में सिमटकर रह जाती है लेकिन मेरे जैसे रिपोर्टर्स के लिए तो यह बड़ी दुविधाजनक स्थिति होती है। क्योंकि तब उस सबसे ज़्यादा पढ़ी जाने वाली ख़बर को पकाने के लिए हम जो चौका–चूल्हा तैयार कर रहे होते हैं उसकी आँच में कम महत्त्वपूर्ण प्रतीत होती अहम ख़बरों की हत्या हो जाती है।

एक ऐसा ही दर्द भरा वाक़या मेरे तज़ुर्बे का हिस्सा बना है जो उस वक़्त छपा जब देश में एक बड़ा फ़ैसला आया था। यह परीक्षा की घड़ी थी। मुख्य ख़बर को बेहतरीन ढंग से प्रस्तुत करना था तो दिल दुखाने वाली उस ख़बर से भी मुँह नहीं फेर सकता था जिसकी तैयारी मैं पिछले कई दिनों से कर रहा था। दिल और दिमाग़ की सुनते–सुनते मेरे भीतर के रिपोर्टर ने क्या किया वह पढ़िए इस कहानी में।

वह एक अलग–सी शाम थी। बाहर तापमान धीरे–धीरे गिर रहा था और अन्दर न्यूज़रूम अपनी रुटीन की गहमागहमी की गर्माहट से वार्मअप हो रहा था। अचानक टीवी पर एक फ्लैश आता है। पीएम मोदी देश को सम्बोधित करेंगे। सब चौकन्ने हो जाते हैं? बात हो रही है 8 नवम्बर 2016 की। इस दिन देश में नोटबन्दी लागू की गयी थी। 500 और 1000 के पुराने नोट अचानक बन्द कर दिये गये। स्वाभाविक तौर पर यह उस दिन की सबसे बड़ी ख़बर थी। ख़बर को समझने और पेश करने के तरीक़े खोजे जाने लगे। फ्रंट के

साथी ख़ुश थे कि जैकपॉट लग गया। इस बीच राजस्थान के कोटा में भी ख़ूब हलचल थी। यहाँ कोचिंग संस्थानों में पढ़ रहे बच्चों की आत्महत्याओं का सिलसिला रुकने का नाम नहीं ले रहा था। दर्द के इस दायरे को खोलने से पहले पाठक यह जान लें कि देश भर में कोटा की पहचान कोचिंग हब के रूप में है। यहाँ कोचिंग बाज़ार का सालाना टर्नओवर 1,800 करोड़ रुपये का है जो हर साल तेज़ी से बढ़ रहा है। यहाँ 300 से ज़्यादा कोचिंग संस्थानों में लगभग डेढ़ से दो लाख छात्र कोचिंग ले रहे हैं। लेकिन दुखद है कि अब पढ़ाई से ज़्यादा यह शहर आत्महत्याओं के लिए मशहूर हो रहा है। बाज़ार का गणित किसी को मालामाल कर रहा है तो किसी के लिए इसके कठोर नियम आत्महीनता का कारण बन रहे हैं। बाज़ार बच्चों की बलि भी ले रहा है।

भावनाओं की टूट–फूट को किसी ख़बर में समेटना एक पत्रकार के लिए सबसे मुश्किल होता है। और भावनाओं का यह विस्फोट जब छात्रों की आत्महत्या के रूप में प्रकट हो तो ख़बरों का व्याकरण भी गड़बड़ा जाता है।

भावनाओं की टूट–फूट को किसी ख़बर में समेटना एक पत्रकार के लिए सबसे मुश्किल होता है। और भावनाओं का यह विस्फोट जब छात्रों की आत्महत्या के रूप में प्रकट हो तो ख़बरों का व्याकरण भी गड़बड़ा जाता है। यहाँ यह बताना ज़रूरी है कि नोटबन्दी जैसी देश की सबसे बड़ी ख़बर के बीच जब आप आत्महत्या जैसी कम पढ़ी जाने वाली ख़बर पर काम कर रहे होते हैं तो न्यूज़रूम में आपके साथी भयंकर सदमे में होते हैं। लेकिन अगर ख़बर की कहानी अलग, नयी और दर्द की नयी सरहदों को खोलने वाली है तो यह सदमा एक संवेदनशील सनसनी पैदा करता है। और सनसनी के इसी सूत्र से कहानी बिक जाती है।

नोटबन्दी की तड़क–भड़क भरी कहानी के बीच हमने आत्महत्या

की कहानी पर भी काम करना शुरू किया। दरअसल, कई दिनों से कोटा से हर दूसरे दिन छात्रों की आत्महत्याओं की ख़बरें आ रही थीं। 12 दिनों में ही 8 छात्र–छात्राओं ने अपनी ज़िन्दगी ख़त्म कर ली थी। इनके साथ सुसाइड नोट्स भी थे। हर चिट्ठी अलग जुबाँ में थी लेकिन मर्म एक ही था। पढ़ाई और बेहतरीन रिज़ल्ट का दबाव, माँ–बाप और शिक्षकों की हर परीक्षा में टॉप करने की कभी न ख़त्म होने वाली उम्मीद आदि–आदि। हमने फ़ैसला किया कि इन सुसाइड नोट्स को किसी मनोचिकित्सक को सौंपा जाये और उनसे समझें कि वे क्या हालात रहे होंगे कि किसी 15 से 18 साल की उम्र के छात्र ने मौत को चुन लिया। इस पसोपेश में हमने पिछले 4 माह में हुई 23 मौतों के सुसाइड नोट्स इकट्ठा किये और उनमें लिखे एक–एक शब्द को पढ़ा। यक़ीन मानिये इन सुसाइड नोट्स के हर शब्द को पढ़ते–पढ़ते हमारी भावनाएँ टुकड़े–टुकड़े होने लगी थीं। आँखों का गीलापन नसों के चटकने का सबूत दे रहा था।

पत्रकारिता प्रोफेशन ही कुछ ऐसा है कि ख़बर में कुछ भी अछूता नहीं होता। शोकाकुल ख़बरें हों या उम्मीद जगाने वाली ख़बर, सबके मापदंड तय हैं। इस ख़बर को तैयार करने के लिए जो भी आवश्यक था, वो किया है, लेकिन एक टकराहट ऐसी थी, जो तय नियम–कायदों को मानने से मना कर रही थी। ख़बर के साथ सँवेदनाओं का नाजुक सन्तुलन बन ही नहीं पा रहा था। जैसे–जैसे सुसाइड नोट्स के पन्नों की संख्या बढ़ती जाती, मेरे दिल की धड़कन का इंजन भी कम्पन करने लगता। सुसाइड नोट्स में छात्रों के परेशान करने वाले शब्द, दृश्य स्मृतियाँ एक डरावने सपने की तरह मेरी आँखें में उतरने लगे। एक छात्र ने लिखा था– पापा, मुझे तो डॉक्टर–इंजीनियर नहीं बनना था। मैं तो म्यूज़िशियन बनना चाहता था।

दूसरा सुसाइड नोट– मम्मी... आप भी फ़ोन पर पहले मार्क्स पूछते हो। कभी पहले यह नहीं पूछा कि तू कैसा है?

तीसरा– नींद न आ जाये इसलिए ख़ुद को कुर्सी से बाँध लेता हूँ। क्योंकि आँख लगने पर कोर्स पूरा नहीं हो पायेगा।

चौथा– एक दिन क्लास में लेट हो गये तो लगता है कि बहुत बड़ा अपराध कर दिया। पापा! इतना प्रेशर सहा नहीं जाता।

पाँचवाँ– पापा... मैं तो डिज़ाइनर बनना चाहती थी। मैं अलग दुनिया बनाने के लिए आप को छोड़ कर जा रही हूँ।

छठा– मम्मी, दुनिया चाँद पर पहुँच रही है और मैं अकेले कमरे में क़ैदियों की तरह रह रहा हूँ। मैं भी जा रहा हूँ भगवान के पास।

सातवाँ– दीदी... दिमाग़ और दिल के बीच लड़ाई हो गयी, मैंने दिल की सुन ली। ये बात पापा को मत बताना।

आठवाँ– मम्मी मैं एस्ट्रो फिजिक्स लेना चाहती थी। आपने मैन्युपुलेट किया। छोटी के साथ ऐसा मत करना।

नौवाँ– मुझे हिस्ट्री, इंग्लिश लिटरेचर से प्यार था, पर सब छोड़ना पड़ा। लोगों को मेरी झूठी मुस्कान देखकर लगता है कि मैं ख़ुश हूँ।

दसवाँ– पापा मैं इस टेंशन के साथ डॉक्टर नहीं बन सकता। मेरे बाद सारा सामान छोटे भाई को दे देना।

ग्यारहवाँ– मम्मी–पापा मैं हमेशा आपके साथ रहूँगा। छोटे भाई को कोचिंग के लिए अपने से दूर मत भेजना।

बारहवाँ– इस जन्म में आपने मेरे सपने छीन लिए, अगले जन्म में ऐसा मत करना प्लीज़।

तेरहवाँ– याद करके मत रोना। मैं अच्छा बेटा नहीं हूँ।

और चौदहवाँ सुसाइड नोट– आपका बेटा साइंटिस्ट नहीं कवि बनना चाहता था।

ऐसे थे मौत के क़रीब 23 क़बूलनामे। पूरे भरोसे से कह रहा हूँ कि मेरी तरह छात्रों के इन दिल के दर्द को पढ़ते वक़्त आपके आँसू भी ज़रूर गिरे होंगे। कितने अरमान थे इनके...कहाँ जाकर ख़त्म हुए। आत्महत्या की ये वजहें बताती हैं कि जीवन का मतलब डॉक्टर–इंजीनियर बनना नहीं हैं। चिट्ठियों को पढ़ते वक़्त हमारे मन

में ग़ुस्से का ग़ुबार उमड़ रहा था। एक ख़ामोश ग़ुस्सा आकार लेने लगा था। यही नहीं इन चिट्ठियों को पढ़ते–पढ़ते लगा कि अब किसी मनोचिकित्सक की ज़रूरत मुझे भी है। मेरे सीने में बन्द ज्वालामुखी फटने को आतुर था। इधर जिस दिन यह ख़बर छपने वाली थी उसी दिन नोटबन्दी की घोषणा हो गयी, अब मेरे सामने यह दुविधा थी कि क्या नोटबन्दी के शोर में छात्रों की आत्महत्याओं की सिसकियाँ सुनाई देंगी। नोटबन्दी की लम्बी शाखा वाली ख़बर में क्या आत्महत्या की ये छोटी पत्तियाँ टिक पायेंगी।

एक पत्रकार का अब अपनी व्यवस्था से टकराव शुरू हो चुका था। बता दूं कि बड़ी ख़बरें, छोटी ख़बरों को खा जाती हैं। गैर बराबरी की बीमारी हर जगह है, किन्तु इस ख़बर के साथ ऐसा नहीं हुआ। तमाम चिट्ठियों को हमने पूरे क्रिया–विशेषणों, टिप्पणियों और मनोचिकित्सक के विश्लेषण आदि–आदि के साथ छाप दिया। नोटबन्दी जैसी बड़ी ख़बर के समानान्तर मुझे यह ख़बर कहीं से भी कमतर नहीं लगी। यह भी उतनी ही बड़ी, अति महत्त्वपूर्ण और दिलो–दिमाग़ को झकझोरनी वाली ख़बर थी। इस छापने के पीछे उम्मीद यही थी कि शायद इन्हें पढ़कर अब कोई हल निकल आये। माँ–बाप बच्चों को वास्तव में पास बैठाकर पूछें कि क्या वे भी सचमुच डॉक्टर या इंजीनियर ही बनना चाहते हैं? अगर नहीं तो उन्हें वही करने दिया जाये जो वो करना चाहते हैं।

मेरा अनुमान ग़लत नहीं था। नोटबन्दी के हंगामे के बीच यह ख़बर भी बहुत पढ़ी और सराही गयी। हालाँकि नोटबन्दी का शोर इतना बड़ा था कि बच्चों की ख़ामोश मौत के अनेक क़बूलनामे भीतरी पन्नों में बस छटपटाते रहे। इस ख़बर के बाद राजस्थान के राज्यपाल कल्याण सिंह ने कोचिंग संस्थानों के लिए गाइडलाइन बनायी। बच्चों को तनाव और दबाव से बचाने के लिए रास्ते भी बताये। मनोचिकित्सकों की सेवाएँ भी कई तरीक़ों से ली गयी। लेकिन जैसा ख़बरों की दुनिया में हमेशा होता है, एक नयी, बड़ी ख़बर आयी और पिछली ख़बर कहीं दूर चली गयी।

कोटा कोचिंग संस्थानों से आत्महत्या की ख़बरें आज भी आ रही हैं। उन्हें जगह भी मिल जाती है लेकिन उन 23 चिट्ठियों, जिन्हें मैं कोटा से अपने बैग में लेकर आया था, उनका बोझ आज तक मेरे कन्धों पर है। ये सारी चिट्ठियाँ आज भी मेरे पास हैं। जब भी इन्हें छूता हूँ तो मेरे भीतर एक अजीब–सी थरथराहट महसूस होती है। आँखें काँपने लगती हैं। कई बार सोचा सारी चिट्ठियों को जला डालूँ लेकिन जाने क्यों हाथ बार–बार रुक जाते हैं। सारे ख़तों को जला देने की मेरी जद्दोजहद आज तक जारी है। ये चिट्ठियाँ मेरा दिन ही नहीं मेरा दिमाग भी ख़राब करती हैं।

एक पत्रकार के तौर पर, ख़बरों के बहुत सारे अनुभवों के आधार पर कह सकता हूँ– अच्छी–बुरी ख़बरें हमारे काम का हिस्सा हैं और जो हम करते रहेंगे, लेकिन हम एक इंसान भी हैं। न्यूज़रूम में बार–बार बुरी ख़बरों के मन्त्र–जाप करते–करते हम पत्रकारों के दिल और शरीर बुरी तरह घायल हो जाते हैं। एक सबसे महत्त्वपूर्ण चीज़–प्रोफ़ेशनली हम सबका दिमाग़ एक मशीन में बदल चुका है। भावनाओं के सौर बिम्ब पिघल चुके हैं।

अन्त में एक गुज़ारिश। अगले पन्ने पर जाने से पहले कुछ पलों के लिए ज़रा ठहरिए, अपने आसपास देखिए और दिमाग़ पर ज़ोर डालिए, कहीं आपका कोई अपना तो नहीं, जो ऐसी ही तकलीफ से गुज़र रहा हो। उनकी ख़ामोश चीख़ों को सुनने की कोशिश कीजिए। क्योंकि वे कह नहीं पायेंगे और आप सुन नहीं पायेंगे। जब तक सुनने की कोशिश करेंगे तब तक बहुत देर हो चुकी होगी। और इस सच को भी स्वीकारिए। कई बार दूसरों के शोक में हम अपने लिए बहुत अच्छा सोच लेते हैं। ख़बरें भी सीखने की पाठशालाएँ ही हैं।

16
अवसाद

आपके सामने आने वाले शोक सन्देश के पेज के बनने की भी एक उदासीन प्रक्रिया है जिसे पूरी करने वाले व्यक्ति अख़बारों में यमराज के नाम से बदनाम होते हैं।

अख़बारों में मौत भी क्लासीफाइड होती है, प्रूफ़ रीडर प्रफुल्ल रोज़ पढ़ता है सौ से दो सौ शोक सन्देश

न्यूज़रूम के ऐसे बहुत से अनुभव मेरी यादों की दराज में बन्द हैं, जिनके बारे में सिर्फ़ वहाँ काम करने वाले लोग ही जानते हैं। ये अनुभव कभी आपको हँसाते हैं, कभी रुलाते हैं। कई बार कुछ न कर पाने की स्थिति में बस एक ठण्डी आह भरकर रह जाते हैं। हमारे आसपास कुछ मूक और अदृश्य ऐसा भी घटता है, जो स्मृतियों के किसी अँधेरे कोने में दर्ज हो जाता है। ऐसी ही कहानी आपको अपनी यादों की सन्दूक से निकालकर सुनाता हूँ। बताना चाहता हूँ कि न्यूज़रूम में रोज़ कैसे ख़बरें और उनसे जुड़ी ज़िन्दगी शक्लें बदलती हैं।

जयपुर में वह दिसम्बर 2012 की दुखती हुई एक शाम थी। दुखती इसलिए क्योंकि कोई बड़ी ख़बर हमारे पास नहीं थी। पूरा न्यूज़रूम हमेशा की तरह अपने काम में व्यस्त था। देश में शान्ति थी।

ख़बरें ऐसी ही थीं जिन्हें हम पत्रकारों की भाषा में कहते हैं– आज कोई बड़ी हैपनिंग नहीं है। सूखा–सूखा सा दिन है, ख़बरों के लिहाज से। हमारी इस सोच को आप चाहें तो विचित्र किस्म का सत्य भी कह सकते हैं। ख़ैर... ख़बरों का अपना मिज़ाज होता है। उनकी कभी कोई कमी नहीं होती। दिन जैसा भी हो अख़बारों के कानों को हम पत्रकार ख़बरों के कुण्डल पहना ही देते हैं।

इस कहानी का प्रमुख पात्र पत्रकार नहीं है। बल्कि प्रूफ़ रीडर है। अख़बारों के दफ़्तरों में एक विभाग होता हैं जिसे हम विज्ञापन एड–शेड्यूलिंग विभाग कहते हैं। इसका काम है पन्नों पर विज्ञापनों को व्यवस्थित करना। अगर पेजों पर टाइम से विज्ञापन रिलीज न हों

तो अख़बार के बनने–छपने में देरी हो जाती है। इस दिन भी कुछ तकनीकी कारणों से अख़बार के लेट होने की गुंज़ाइश बढ़ रही थी। यहाँ बता दूँ कि ख़बरें चुनना ही नहीं, अख़बार समय पर न्यूज़रूम से रिलीज करना भी हमारी घोषित ज़िम्मेदारी यानी केआरए है।

अख़बार को समय पर छोड़ने की डेडलाइन भी पत्रकारों के लिए एक अलग तनाव है। आप यह भी कह सकते हैं कि असाइनमेंट की डेडलाइन की तरह समय पर अख़बार को रिलीज़ करना भी न्यूज़रूम का एक प्रमुख तनाव है।

आज भी कुछ पेजों के विज्ञापन एड–शेड्यूलिंग विभाग में फँस गये। मशीन से फोन आने लगे। सर्कुलेशन डिपार्टमेंट भी सक्रिय हो गया। तभी एड–शेड्यूल विभाग का मैनेजर मेरे केबिन के पास दिखा। मैंने झल्लाते हुए कहा– बरखुरदार विज्ञापन जल्दी दो, मशीन से लगातार फ़ोन आ रहे हैं। अख़बार समय पर रिलीज करना है।

मेरी आवाज़ सुनकर वो लगभग रुआँसा हो गया। बोला– क्या करूँ? मेरे पास केवल एक प्रूफ़ रीडर प्रफुल्ल है। वो इतना परेशान है कि पूछिए मत। मैंने कहा– क्या हुआ? वो बोला– वो सुबह से मौत की ख़बरें और उनके विज्ञापन पढ़ रहा है। शाम से वो शवयात्रा, उठावना, अन्तिम अरदास, पुण्यतिथि, तीये की बैठक ही पढ़ता जा रहा है। कह रहा है– मौत के क्लासीफाइड विज्ञापनों की मैं अकेले कितनी प्रूफ़

> *अख़बार में मौत भी क्लासीफाइड होती है। इसका अलग पेज होता है, लेकिन बाक़ायदा सीजन भी होता है यह आज ही पता चला। ये मेरे लिए चौंकाने वाला तथ्य था। दिसम्बर चल रहा था। नवम्बर के आख़िरी सप्ताह तक मेरी टेबल पर शादी के न्यौतों का ढेर लग रहा था। अधिकतर तो स्टाफ़ के ही कार्ड थे। छाँटना मुश्किल था, कहाँ जाऊँ और कहाँ सिर्फ़ लिफ़ाफ़ा भेज दूँ। और इसके तुरन्त बाद... मृत्यु का सीजन।*

रीडिंग करूँगा। वो क्या है सर... कि आजकल मौत का सीजन है। दिसम्बर–जनवरी में मृत्यु दर काफ़ी बढ़ जाती है। मौत से जुड़े विज्ञापन इतने ज़्यादा हैं कि वो बेचारा अकेला भी कितने पढ़ेगा। मौत की सूचना में ग़लत नाम, मरने वाले की फ़ोटो या सूचना में लिंग परिवर्तन हुआ तो भी प्रूफ़ रीडर का मरना तय है। सुबह विज्ञापन में ग़लत जानकारी गयी तो अख़बार की इमेज भी ख़राब होगी। वास्तव में वह सही कह रहा था, लेकिन आखिर यह कौन जानना चाहता है कि देरी की वजह क्या है? कितने लोग जानते हैं कि न्यूज़रूम कि सूखी–चटकी जमीन पर प्रफुल्ल जैसे प्रूफ रीडर होने के भी कुछ मायने हैं।

कुछ आदी–सा हो गया हूँ, सामान्य रहने का...शायद आप इसे संवेदनहीन कह सकते हैं, लेकिन पत्रकार की ज़िन्दगी में अलग दिनचर्या है। मौत की ख़बरें जुटाते, लिखते, एडिट करते, अच्छा–सा सजाते और छापकर फिर से पढ़ते हुए हम वाक़ई इतने कठोर हो गये हैं।

एक क्रूर सच यह कि अख़बार में मौत भी क्लासीफाइड होती है। इसका अलग पेज होता है, लेकिन बाक़ायदा सीजन भी होता है यह आज ही पता चला। ये मेरे लिए चौंकाने वाला तथ्य था। दिसम्बर चल रहा था। नवम्बर के आख़िरी सप्ताह तक मेरी टेबल पर शादी के न्यौतों का ढेर लग रहा था। अधिकतर तो स्टाफ़ के ही कार्ड थे। छाँटना मुश्किल था, कहाँ जाऊँ और कहाँ सिर्फ़ लिफ़ाफ़ा भेज दूँ। और इसके तुरन्त बाद... मृत्यु का सीजन। अब एक और विरोधाभास। अभी कई शादियों के रिसेप्शन चल रहे हैं और मुझे कई तीये की बैठकों में भी जाना है।

पत्रकार होने के नाते ये सब सामाजिक और व्यावसायिक ज़िम्मेदारियाँ ही हैं। मतलब शाम को बन–ठन कर, डीओ लगाकर रिसेप्शन में मुस्कुराते हुए नये जोड़े के साथ पोज देना, लिफ़ाफ़ा देना है और इसके उलट उसी सुबह, सादे कपड़ों में किसी नेता,

अभिनेता, सामाजिक हस्ती, ख़बर के भरोसेमन्द सोर्स या स्टाफ़ के यहाँ ख़ामोशी के साथ उनके शोक में शामिल होना है। वहाँ उसी की बातें, संवेदना के शब्द– सब ठीक हो जायेगा या हम हैं ना, कोई दिक़्क़त हो तो बताना जैसी बातें ही करनी हैं। सुबह–शाम के बीच मूड में बड़ा बदलाव कैसे हो जाता है, पता तो नहीं चलता लेकिन ये है बहुत अजीब। मेरे लिए तो बहुत ज़्यादा, क्योंकि मैं न किसी की शादी में अति प्रसन्न दिख पाता हूँ, न किसी की शोकसभा में घनघोर शोक सन्तप्त।

ख़बरों के लगातार लगने वाले झटकों ने हम पत्रकारों की पूरी दुनिया ही बदल दी है। भावनाओं के सारे खेत समतल हो गये हैं। कुछ आदी–सा हो गया हूँ, सामान्य रहने का... शायद आप इसे संवेदनहीन कह सकते हैं, लेकिन पत्रकार की ज़िन्दगी में अलग दिनचर्या है। मौत की ख़बरें जुटाते, लिखते, एडिट करते, अच्छा–सा सजाते और छापकर फिर से पढ़ते हुए हम वाक़ई इतने कठोर हो गये हैं कि ये संवदेना डायनोसोर की तरह हमारे भीतर से लुप्त हो चुकी है। हम सामान्य कब थे, अगर अतीत की कुछ पाँडुलिपियाँ किसी पत्रकार के पास सुरक्षित हैं तो मेरी गुज़ारिश है कि मुझे भी पढ़ने के लिए दीजिएगा... इतिहास के इन पत्थरों को मैं भी देखना चाहता हूँ।

अब फिर प्रफुल्ल की पीड़ा पर लौटता हूँ। हमारे प्रूफ़ रीडर प्रफुल्ल की चिन्ता पर मुझे भी चिन्ता होने लगती है। बेचारा रोज़ दो सौ से ज़्यादा शोक सन्देशों की प्रूफ़ रीडिंग करता है। उसका सदमे में आना जायज़ है। इस स्थिति में एक प्रॉम्प्ट सोल्यूशन, जो मैं अपने एड–शेड्यूलिंग मैनेजर को दे सका, वह था कि– भाई उसे जनाजों और तीये की बैठकों से बाहर निकालकर स्टैंडअप कॉमेडी शो या कोई मूवी दिखा दे। मैं जानता हूँ कि यह एड–शेड्यूलिंग मैनेजर के लिए अरेंज करना मुश्किल है, लेकिन मेरे पास मौत के हिमालय को कन्धों पर ढो रहे प्रफुल्ल के लिए इससे बेस्ट विकल्प कोई है भी नहीं। मौत के विज्ञापनों की प्रूफ़ रीडिंग करने के ये दो महीने

उस पर क़हर बनकर टूटते हैं। क्या आप जान सकते हैं कि कैसे तनाव के लक्षण उसके चेहरे पर आकार लेते होंगे? अपने तनाव का प्रशासनिक प्रबन्ध प्रफुल्ल कैसे करता होगा?

प्रिय पाठको, इस कहानी के ज़रिये आपको सिर्फ़ इतना बताना चाहता हूँ कि जब आप ख़बरों से भरे 20–22 पेज के अख़बार को पढ़ रहे हों तो एक या दो पन्नों पर भरे शोक सन्देशों को देखते वक़्त हमारे प्रफुल्ल को ज़रूर याद करें, जिसे डेस्क के साथियों ने यमराज उपनाम से पुकारना शुरू कर दिया है।

न्यूज़रूम का यह दूसरा चेहरा है। नाम है एड–शेड्यूलिंग। इस में भी शोक सन्देश का अलग विभाग है, जहाँ ख़बरें नहीं सिर्फ़ मौत की ख़बरें ही विज्ञापन बनती हैं। और मौत के सीजन में मौत के मर्म को चेहरा देने वाला प्रफुल्ल सिर्फ़ एक किरदार है। सुबह घरों में अख़बार जायेगा तो यही सन्देश पढ़कर लोग शोक जताने एक से दूसरे घर जायेंगे। शोक के सन्देशों को घर–घर तक पहुँचाने वाले प्रफुल्ल को कोई याद नहीं करेगा। और अपना प्रफुल्ल तो अपनी आँखों को अगले दिन के शोक सन्देश की ग़लतियाँ खोजने के लिए तैयार करने में जुटा होगा। प्रफुल्ल ने तो अपने दर्द का इज़हार न करने की क़सम खायी है, क्योंकि उसका खामोश प्रतिरोध कोई सुनने वाला नहीं है। अख़बारों के किसी न्यूज़रूम में कभी जाने का मौक़ा मिले तो किसी प्रफुल्ल के कन्धे पर एक नर्म स्पर्श ज़रूर देकर जायें। उसके तनाव की सारी सीमाएँ टूट जायेंगी। आँखें चमकने लगेंगी।

17

भँवर सी ज़िन्दगी

भटेरी की भँवरी की कहानी पढ़कर लगता है– समाज में कुरीतियों के ख़िलाफ़ आवाज़ उठाना उसका अपराध था। न्यूज़रूम को भीतर तक हिला दिया इस कहानी ने।

भँवरी ने बाल विवाह रुकवाया तो दबंगों ने किया गैंगरेप, 26 साल बाद भी नहीं मिला न्याय

दुष्कर्म से जुड़ी इस कहानी के ज़िक्र के बिना यह किताब अधूरी रहेगी। दरअसल रेप की रिपोर्टिंग ख़बरों की परिभाषा ही बदल देती है। ये ख़बरें हमें डराती हैं और तकलीफ़ पहुँचाती हैं। ख़बरों की इन चिताओं से उठने वाली आग किसी को भी झुलसा सकती है। आत्मा को झुलसाने वाली यह भी ऐसी ही एक ख़बर है।

एक न्यूज़ फॉलोअप के लिए मैं राजस्थान की राजधानी जयपुर से पचास किलोमीटर दूर भटेरी गाँव पहुँचा था। यहाँ रहती है भँवरी देवी जिससे एक पत्रकार के रूप में मेरी यह दूसरी मुलाक़ात थी। भँवरी नाम काफ़ी साधारण है, लेकिन भटेरी की यह भँवरी बहुत ख़ास है। दरअसल भँवरी एक साथिन थी। साथिन यानी राजस्थान

समाज कल्याण विभाग की ओर से नियुक्त गाँवों में बाल विवाह, भ्रूण हत्या, दहेज जैसी सामाजिक कुरीतियों के ख़िलाफ़ चेतना लाने वाली कार्यकर्ता।

अब ज़रा ठहरिए। पहले अतीत में चलकर भँवरी की पृष्ठभूमि जान लीजिए। वह 1992 का साल था। तब 28 साल की युवा भँवरी स्त्री–पुरुष के सन्तुलन को दुरुस्त करने के अपने काम में जुटी थी। लेकिन कई प्रभावशाली लोगों या कहें–दबंगों की आँख का काँटा थी। वे इस दलित महिला के समाज सुधार को समाज विरोधी मानते थे। कह सकते हैं कि ऊँची जाति को भँवरी की सामाजिक मान्यताओं को चुनौती देना पसन्द नहीं था।

अब इस गुंडा–तन्त्र की क्रूरता और भीड़–तन्त्र से भँवरी की

लड़ने की लड़ाई। 22 सितम्बर 1992 को अलसुबह भँवरी की पूरी ज़िन्दगी बदल गयी। भटेरी गाँव में उसका पति खेत में काम कर रहा था। तभी गाँव के दबंगों ने उसे व उसके पति को घेर लिया। कुछ माह पहले ही भँवरी ने इन्हीं के परिवारों में एक नौ साल की बच्ची का बाल विवाह रुकवाया था। यही नाराज़गी की मूल वजह थी। दबंगों ने भँवरी के पति के हाथ–पाँव बाँध दिये। भँवरी की साथिन उसे बचाने गयी तो वे उस पर भी टूट पड़े। फिर इन पाँच लोगों ने भँवरी के साथ दुष्कर्म किया। सामन्तवादी मानसिकता को चुनौती देने की क़ीमत भँवरी को अपनी अस्मत से चुकानी पड़ी। राजस्थान के इस छोटे से गाँव में 27 साल पहले रेप की बात करना ही गुनाह होता था। अगर किसी पर यह ज़्यादती हो जाये तो उससे उम्मीद की जाती थी कि वो चुपचाप सब सहन कर ले और स्वीकार भी कर ले, लेकिन भँवरी ने ऐसा नहीं किया। उसने अपने गुनहगारों पर मुक़दमा दर्ज करा सबको बता दिया कि उसके साथ कितना भयानक ज़ुल्म हुआ है।

> *भँवरी का मेडिकल 52 घण्टे बाद किया गया जबकि यह 24 घण्टे में किया जाना अनिवार्य है। स्थानीय मीडिया में जब मामला उछला, तब जाकर एफआईआर की गयी। 1995 में सभी आरोपियों को बरी किये जाने तक इस मामले के पाँच जज बदले जा चुके थे। अन्त में आरोपियों को छोटे–मोटे मामलों का आरोपी बना 9–10 महीने की सज़ा दी गयी।*

लेकिन, भँवरी नहीं जानती थी कि क़ानून की यह लड़ाई एक अन्तहीन अँधेरी गुफा का एक सिरा भर है, जिसका दूसरा छोर अभी तक अज्ञात है। एफआईआर दर्ज करने आया पुलिसकर्मी भँवरी के सामने मुस्कुराकर चला गया और ऐसा दर्शाया जैसे कुछ हुआ ही नहीं। भँवरी का मेडिकल 52 घण्टे बाद किया गया जबकि यह 24 घण्टे में किया जाना अनिवार्य है। स्थानीय मीडिया में जब मामला

उछला, तब जाकर एफआईआर की गयी। क़ानून की लड़ाई एक रहस्य बन गयी। दुष्कर्म के दबंग आरोपी छूट गये। भँवरी को क्या पता था कि मामला तो दर्ज हो गया है, किन्तु एक दुष्कर्म होना अभी और बाक़ी है। यह दुष्कर्म उसके साथ व्यवस्था ने किया।

भँवरी की ज़िंदगी में एक तूफ़ान आया और सबकुछ बहा कर ले गया। एक पत्रकार के तौर पर जब मैं यह सच्ची कहानी को दर्ज कर रहा हूँ तो मेरे भीतर भी एक तोड़फोड़ हो रही है। इस मामले में कानूनी दाँव–पेच और उसकी बारीकियों की विफलता भी काबिलेगौर है। 1995 में सभी आरोपियों को बरी किये जाने तक इस मामले के पाँच जज बदले जा चुके थे। अन्त में आरोपियों को छोटे–मोटे मामलों का आरोपी बना 9–10 महीने की सज़ा दी गयी। इस पूरे मामले का यह एक पक्ष है। जबकि सन्देह से भरे फ़ैसले में दर्ज वे दलीलें भी कम खतरनाक नहीं हैं, जो भँवरी के दुष्कर्म से कहीं ज़्यादा पीड़ा, अपमान और क्रोध उसे देती होंगी। आरोपियों को बरी करते वक़्त कोर्ट ने अपने फ़ैसले में जो लिखा वह और भी तकलीफदेह रहा। न्यायिक उपचार देते वक़्त कोर्ट ने लिखा– गाँव का प्रधान बलात्कार नहीं कर सकता। अलग–अलग जाति के पुरुष गैंगरेप में शामिल नहीं हो सकते। 60–70 साल के बुज़ुर्ग बलात्कार नहीं कर सकते। एक पुरुष अपने किसी रिश्तेदार के सामने रेप नहीं कर सकता। (यह दलील चाचा–भतीजे की जोड़ी के बारे में दी गयी थी।) अगड़ी जाति का कोई पुरुष किसी पिछड़ी जाति की महिला का रेप नहीं कर सकता, क्योंकि वह अशुद्ध होती है। भँवरी देवी के पति चुपचाप, ख़ामोशी से अपनी पत्नी का बलात्कार होते हुए नहीं देख सकते थे। इन असहज दलीलों ने पूरी व्यवस्था को चीरकर रख दिया। साफ़ था कि क़ानून के भीतर छिपी ताक़तें अपनी सीमाएँ लाँघ रही हैं। फैसले पर प्रश्न–चिह्न लग गया। जो लोग कानून को सम्मान की दृष्टि से देखते आये हैं, उन्हें इन कानूनी दलीलों की आवाज़ें परेशान करने लगीं। कानून के अँधेरे बँद कमरे खुलने लगे। खामोशी की गड़गड़ाहट भी गूँजने लगी।

क़ानूनी दलीलों पर दिया गया यह फ़ैसला किसी को भी समझ

नहीं आया। भुगतभोगी भँवरी को तो कैसे आ सकता था। क़ानून के ये तर्क सबकी समझ से परे थे। इस फ़ैसले की दुनियाभर में आलोचना हुई। विरोध प्रदर्शन हुए। कांग्रेस की तत्कालीन सांसद गिरिजा व्यास ने विरोध को राजनीति से प्रेरित बताया। भँवरी देवी के लिए इंसाफ़ की लड़ाई की मुहिम का हिस्सा रहे जयपुर के ग़ैर–सरकारी संगठन विशाखा ने इसे सन्देहों से भरा फ़ैसला कहा। फ़ैसले की इन अजीबोग़रीब दलीलों ने पूरे देश में हलचल मचा दी। कोई सवाल ही नहीं था कि भँवरी अपनी लड़ाई जारी न रखे। उसने इस फ़ैसले को न्याय के सिद्धान्तों के ख़िलाफ़ मानते हुए 1995 में हाईकोर्ट में अपील की।

> *भँवरी 55 की उम्र में न्याय की लड़ाई लड़ रही है। यह असाधारण और अन्तहीन त्रासदी है। जो भी महिला इस पाशविक यातना से गुज़रती है, मान के चलिए उसकी देह और आत्मा पहले ही भीतर तक छलनी हो चुकी होती है।*

पत्रकारों के कुछ पेशेवर मापदण्ड होते हैं। उनकी अपनी नैतिकता होती है। यह ख़बर हर कसौटी को पूरा कर रही थी। निचली कोर्ट का यह अजीब फ़ैसला और हाईकोर्ट में अपील के सारे तर्क पीड़िता के पक्ष में मददगार साबित हुए। ख़बरों का दबाव काम आया। भँवरी के पक्ष में सम्मानजनक सुनवाई शुरू हुई, किन्तु क़ानूनी गुत्थियाँ इतनी उलझी थीं कि न्याय बस तारीख़ों तक सिमट गया।

मैं अब यह कहानी 2020 में लिख रहा हूँ। घटना के 28 साल बाद। आश्चर्य के एक और हथौड़े को अपने सर से टकराने के लिए तैयार रहिए। 28 साल में इस मामले की केवल एक तारीख़ पड़ी है। आज तक चार आरोपियों की मौत हो चुकी है। राजस्थान के बड़े–बड़े महलों, क़िलों, गढ़ियों, इतिहास और खँडहरों की तरह न्याय भी भँवरी के लिए कहीं दूर स्थिर खड़ा है। हाईकोर्ट में सुनवाई की अगली तारीख़ कब मिलेगी, भँवरी आज भी इन्तज़ार में है।

हाँ, एक पक्ष और। भँवरी को भले ही न्याय न मिला हो। उसकी लड़ाई से एक नये क़ानून ने जन्म लिया। कामकाजी महिलाओं को कार्यस्थल पर सुरक्षा देने के लिए एक क़ानून बना जिसे विशाखा गाइडलाइन का नाम दिया गया। 1997 में सुप्रीम कोर्ट ने यह गाइडलाइन जारी की जिसके तहत कार्यस्थल पर महिलाओं के यौन उत्पीड़न के लिए नियम बनाये गये। 2013 में संसद ने इसे क़ानून घोषित कर दिया। भँवरी के साथ हाईकोर्ट में न्याय की लड़ाई लड़ रही पीयूसीएल की राष्ट्रीय महासचिव कविता श्रीवास्तव कहती हैं कि जल्द सुनवाई के लिए हम कई बार अर्ज़ी लगा चुके हैं जो हर बार ख़ारिज हो जाती है। बकौल कविता, हम चीफ़ जस्टिस को भी चिट्ठी लिख चुके हैं। काश! न्यायपालिका इस कराह को क़ानूनी राहत देने की जल्दी कोई तारीख़ दे पाती। भटेरी की भँवरी का इंतज़ार जारी है।

एक पत्रकार के तौर पर न्याय की तारीख़ें चौंकाती नहीं हैं, क्योंकि अदालत में गये ज़्यादातर जटिल मामलों में तारीख़ ख़त्म नहीं होती, भले आरोपी और परिवादी दुनिया में ना रहें। यहाँ भी ऐसा ही है। 28 साल की भँवरी से पाँच लोगों ने बलात्कार किया, चार मर चुके हैं। भँवरी 55 की उम्र में न्याय की लड़ाई लड़ रही है। यह असाधारण और अन्तहीन त्रासदी है। जो भी महिला इस पाशविक यातना से गुज़रती है, मान के चलिए उसकी देह और आत्मा पहले ही भीतर तक छलनी हो चुकी होती है। देह में बचे थोड़े बहुत श्वास के लिए एक इकलौती उम्मीद होता है न्याय। इसके अलावा तो पीड़िता का सबकुछ पहले ही दरहम–बरहम हो चुका होता है। इसलिए अगर लाज रखने की यह आख़िरी ढाल भी हमें देर से ही न्याय दे तो कई अन्देशे और आशंकाएँ तो पैदा होंगी ही। भँवरी से मैं पत्रकार के तौर पर जब भी मिला हूँ उससे नज़रें मिलाना मुश्किल ही रहा है। कहीं वह मुझसे ही न पूछ ले कि मुझे न्याय आख़िर कब मिलेगा?

कुछ ख़बरें हम पत्रकार के तौर पर रोज़ छापते हैं और बाद में भूल जाते हैं। क्योंकि रोज़ कुछ नया आ जाता है। लेकिन यह ख़बर

26 साल से मेरे जेहन में दर्ज है। मैं दो बार भँवरी से मिला हूँ। दोनों मुलाक़ात के बीच का अन्तर 4–4 साल का है। दोनों ही मुलाक़ात में कुछ नहीं बदला था। बस भँवरी विनम्र और सौम्य होती जा रही है और अन्याय का आकार बढ़ता जा रहा है।

भटेरी की भँवरी की ख़बर अब अख़बारों के पन्नों से भी गायब हो चुकी है। बार–बार एक ही ख़बर कोई कब तक छापे। इसमें पत्रकारों का कोई दोष नहीं है। दरअसल, ख़बरों के रीति–रिवाज ही कुछ ऐसे हैं। पत्रकारों को रोज नई जानकारी ही चाहिए।

दुष्कर्म की जब भी कोई ख़बर हमारे न्यूज़रूम में प्रकट होती है तो एक ख़ामोश ग़ुस्सा मेरे भीतर भी उतरता है। बलात्कार के बाद का बे–रहम सच भँवरी के बे–सच के रूप में मेरे सामने खड़ा हो जाता है। दिन, सप्ताह, महीने, साल बीत रहे हैं, भँवरी अपने न्याय की तारीख़ का ही इन्तज़ार कर रही है। पत्रकार के तौर पर मैं भी स्तब्ध हूँ। इस देर और अन्धेर में फिर फ़र्क़ ही क्या है? दुष्कर्म की दुर्गन्ध से भी बुरी है धीमे न्याय की यह बदबू।

18
संकोच

कहानी का विषय समाज के सबसे बड़े टैबू माने जाते रहे विषयों में से एक है। और कहानी के केन्द्र में वे किरदार हैं जो इस टैबू को तोड़ने की कोशिश में जुटे हैं।

आज भी काली पन्नी में छिपाकर देते हैं सेनेट्री पैड, पत्रकार भी नहीं छापते, छिपा लेते हैं ये ख़बरें

पत्रकार हमेशा ख़ुद को यह यक़ीन दिलाने की कोशिश में लगे रहते हैं कि उनसे बेहतर कोई नहीं है। लेकिन यहाँ मैं यह बताना चाहता हूँ कि पत्रकारिता के बुनियादी मानकों में हम पत्रकार निरन्तर पिछड़ते जा रहे हैं। सांस्कृतिक ढाँचा भी कमज़ोर होता जा रहा है। कई ज़रूरी और गम्भीर मुद्दे पत्रकारिता की मुख्यधारा से आज भी बाहर हैं। कुछ ख़बरों को लिखने से पत्रकार आज भी डरते–झिझकते हैं। ख़बरों के कुछ मुखौटे अभी उतारने बाकी हैं। यह कहानी ऐसे ही एक मुखौटे को हटाने की है। पटकथा के पात्र हम पत्रकार ही हैं।

कहानी का विषय समाज के सबसे बड़े टैबू माने जाते रहे विषयों में से एक है। और कहानी के केन्द्र में वे किरदार हैं जो इस टैबू को तोड़ने की कोशिश में जुटे हैं। ज़ाहिर है ऐसी कहानी के पात्र

जब परम्पराओं को तोड़ने निकलेंगे तो उन्हें एक जैसी ही हिकारत, नज़रअन्दाज़ी और एक अलग तरह की छुआछूत का सामना भी करना पड़ेगा। फिर चाहे वो मैं था या कोई और। सूचनाओं और समस्याओं की ऐसी ही मज़बूत दीवारों से टकराकर बाहर निकली है यह कहानी।

कहानी के केन्द्र में है सेनेट्री नेप्किन। यहाँ मैं आपको यह बताता चलूँ कि यह विषय ही हिन्दी पत्रकारिता में अछूत–सा माना जाता है। हो भी क्यों न... जिस विषय पर बरसों से कभी घर में बात नहीं होती, उस पर समाज, व्यवस्था या सरकार तो क्या और क्यों बात करें! हर घर में बहन, बेटी, माँ और पत्नी के स्वास्थ्य से जुड़ा सेनेट्री नेप्किन ऐसा शब्द है जो कभी ऊँची आवाज़ में बोला भी नहीं जाता। मेडिकल स्टोर हों या जनरल स्टोर, आज भी यहाँ सेनेट्री पैड ख़रीदने गयी महिला और दुकानदार दोनों असहज रहते हैं। काली पन्नी या काग़ज़

में लपेटकर पैड लिया–दिया जाता है। डर, झिझक या शर्म...ऐसा क्या ख़रीदा जो छिपाया जा रहा है। ये घर–घर की कहानी है। जबकि हालात ऐसे बन चुके हैं कि इस विषय पर चिल्ला–चिल्लाकर बात करने की ज़रूरत है। इसी ज़रूरत को जब हमने एक ख़बर के रूप में महसूस किया तो क्या सामने आया, वही आपसे शेयर कर रहा हूँ।

जैसलमेर से एक ख़बर हम तक पहुँची कि सेनेट्री नेप्किन की जगह गन्दा कपड़ा इस्तेमाल करने से इन्फेक्शन के कारण एक महिला को अस्पताल जाना पड़ा। उसकी हालत गम्भीर थी। डॉक्टरों का कहना था कि बच्चेदानी निकालनी पड़ेगी। ख़बर की गहराई में जाने पर पता चला कि यह महिला तो उन हज़ारों–लाखों में से एक थी, जो ऐसे ही संक्रमण के रहते गम्भीर रोगों का शिकार हो चुकी हैं। कई महिलाओं की जान बचाने के लिए उनकी बच्चेदानी तक निकालनी पड़ी। और यह सब शुरू हुआ सिर्फ़ एक छोटी–सी लापरवाही, अनदेखी या यूँ कहिए घोर अँधेरे में दबी ख़ामोशी की आदत के रहते। दूसरा महत्त्वपूर्ण कारण है ऐसी ख़बरों से मेन स्ट्रीम मीडिया की दूरी। आप इसे अछूत ख़बरें भी कह सकते हैं।

कुछ प्रोग्रेसिव साथियों जिनमें एक–दो महिला पत्रकार भी शामिल थीं, खुलकर अपनी आवाज़ उठाई। पहले तो यह स्थापित किया गया कि इस विषय पर पूरी ताक़त के साथ ख़बर बननी चाहिए। फिर आँकड़े एकत्र किये गये। ख़बर एक पुख़्ता दस्तावेज़ के रूप में सामने आ चुकी थी।

पत्रकार एक अजीब प्रजाति है। कई ख़बरों में वह बहुत लचीला होता है तो कई ख़बरों में बहुत कठोर। सामाजिक दबावों का असर भी कई बार पत्रकारों को ख़बर के विरुद्ध खड़ा कर देता है। और ख़बर जब सेनेट्री नेप्किन जैसे अछूत विषय की हो तो ख़बरों पर काम करना बड़ा मुश्किल हो जाता है। हालाँकि रिपोर्टर्स की ट्रेनिंग

में हर विषय की ब्रीफ़िंग होती है, किन्तु कुछ ख़बरों के समाजशास्त्र को पत्रकार ख़ारिज कर देते हैं। इस ख़बर के साथ ऐसा ही हुआ। ख़बर पर और काम करने के लिए जब संवाददाताओं से बात की गयी तो उनका जवाब देखिए। एक संवाददाता फ़ोन उठाकर घर से बाहर की ओर निकला ही था। बोला– सर, घर–परिवार के साथ हूँ, सेनेट्री नेप्किन पर बात कैसे कर सकता हूँ? दूसरा संवाददाता– यह कोई ख़बर है क्या? ऐसा तो सालों से चल रहा है। तीसरा– इन्फेक्शन तो होता रहता है। अख़बार में ऐसी ख़बर नहीं छपनी चाहिए। चौथा साथी बोला– मेरे पास इससे महत्त्वपूर्ण ख़बर है, सेनेट्री नेप्किन से जुड़ी ख़बर तो मैं नहीं लिखूँगा। आप इसे पत्रकारों की मासूमियत कहें या अहंकार, इस ख़बर का यही सच है।

ख़बर पर जद्दोजहद जारी थी। इस बीच कुछ प्रोग्रेसिव साथियों जिनमें दो महिला पत्रकार भी शामिल थीं, खुलकर अपनी आवाज़ उठाई। पहले तो यह स्थापित किया गया कि इस विषय पर पूरी ताक़त के साथ ख़बर बननी चाहिए। फिर आँकड़े एकत्र किये गये। ख़बर एक पुख़्ता दस्तावेज़ के रूप में सामने आ चुकी थी। दस्तावेज़ जो बता रहा था कि अकेले राजस्थान की 30 फ़ीसदी महिलाएँ यानी 3.30 में से 1 करोड़ महिलाएँ सेनेट्री नेप्किन उपयोग न करने के कारण संक्रमण की शिकार हैं। लेकिन इनमें से केवल आधी ही अपना इलाज़ कराने अस्पतालों तक पहुँचती हैं। वयवस्था को कठघरे में खड़ा करने वाला सच यह भी है कि 70 फ़ीसदी ग्रामीण महिलाएँ केवल इसलिए सेनेट्री नेप्किन उपयोग नहीं कर पातीं क्योंकि इनकी क़ीमत बहुत ज़्यादा है। ख़बर को और ताक़तवर बनाने के लिए इसमें यह तथ्य भी डाला गया कि वोट के लिए लाखों के क़र्ज़ माफ़ हो सकते हैं। दवा, शिक्षा धार्मिक यात्रा, घर सब फ्री दिया जा सकता है तो सरकारें थोड़ा–सा ख़र्चा कर फ्री सेनेट्री नेप्किन उपलब्ध क्यों नहीं करा सकतीं? असल में इस ओर किसी ने न ध्यान दिया, न किसी ने ध्यान दिलाया।

यह था ख़बर का एक पक्ष। दूसरा पक्ष भी है जो बताता है कि

अब ख़बर का पूरा चेहरा जो हमारी तड़प और तमतमाते चेहरे का कारण बना। पश्चिम बंगाल के नादिया गाँव की 12 वर्षीय लड़की। नाम मंफी। घर में एक भाई और माँ–बाप। एक सीमित परिवार। लेकिन यह छोटा परिवार एक बड़े दर्द के साथ जी रहा था। पिता की आँखों की रोशनी जा चुकी थी और भाई की दूसरी किडनी भी जवाब दे चुकी थी। दोनों की ज़िन्दगी ख़तरे में थी। मंफी रोज़ उनके दर्द को महसूस करती और उन्हें तिल–तिल मरते देखकर यही सोचती रहती कि कैसे भी ये दोनों ठीक हो जायें। पिता के लिए आँख और भाई के लिए किडनी का बन्दोबस्त करना इस नन्ही जान के लिए किसी तरह भी सम्भव नहीं था। इसी कशमकश में जी रही मंफी हर रोज़ परिवार की इस अन्तहीन सी लगने वाली परेशानियों को हल करने की योजना बनाती। कलेजे घायल करने वाली यही योजना इस ख़बर की धुरी है।

> *मंफी की उम्र 12 साल है, मगर सार–सँभाल में परिवार की मुखिया–सी लगती है। तमाम ज़रूरी काम निपटाकर मंफी घर ही के एक कमरे में सिमट जाती है। दोपहर होते–होते घर में एक अजीब सी शान्ति पसर जाती है। अरे! मंफी कहाँ है... खेतों से काम कर लौटी माँ की आवाज़ सन्नाटा चीरती है। पर जवाब नहीं आता।*

17 जून 2011 की सुबह। मंफी की आठवीं में पढ़ने वाली चचेरी बहन मोनिका स्कूल चली जाती है, लेकिन मंफी आज स्कूल नहीं जाती है। दृष्टिहीन पिता मृदुल सरकार की लाठी मंफी उन्हें अपने हाथों से खाना खिलाती है और बीमार भाई की दवा–पानी करती है। माँ घर से बाहर काम पर गयी है। पास–पड़ोस रोज़ की तरह अपने–अपने कामों में मशगूल है। मंफी की उम्र 12 साल है, मगर सार–सँभाल में परिवार की मुखिया–सी लगती है। तमाम ज़रूरी काम निपटाकर मंफी घर ही के एक कमरे में सिमट जाती है। दोपहर होते–होते घर में एक अजीब सी शान्ति पसर जाती है।

अरे! मंफी कहाँ है... खेतों से काम कर लौटी माँ की आवाज़ सन्नाटा चीरती है। पर जवाब नहीं आता। मंफी की मासूम खनखनाहट को ढूँढ़ने माँ घर के और भीतर दाख़िल होती है। अचानक एक चीख़ घर की कच्ची दीवारों को हिला देती है। कमरे की चारपाई पर मंफी लेटी हुई है। आँखें बन्द हैं, मुँह से झाग निकल रहा है। माँ मंफी–मंफी पुकार रही है। मंफी की साँसें थम चुकी हैं। एक आवाज़ आती है– मंफी ने कीटनाशक पीकर आत्महत्या कर ली है। ग़मगीन परिवार ने शाम तक मंफी के अन्तिम संस्कार भी पूरे कर लिए। ग़रीब की मौत भी ग़रीब ही होती है।

> *मंफी की मौत ने 2 दिन बाद शोर मचाया, जब माँ को जूट की रस्सी से बुनी चारपाई में अटका मंफी का सुसाइड नोट मिला। मंफी ने यह आख़िरी चिट्ठी माँ को लिखी थी। इस भोली बेख़बर बच्ची की माँ के नाम लिखी इस चिट्ठी में अपने पिता को आँखें और भाई को किडनी देने का अपना फ़ैसला लिखा था।*

अख़बारों के न्यूज़रूम में रोज़ आत्महत्या से जुड़ी ऐसी ही 2–3 ख़बरें दाख़िल होती हैं। यह ख़बर भी 'ग़रीबी की क्रूरता से तंग आकर 12 साल की बच्ची ने कीटनाशक पीकर आत्महत्या की' शीर्षक से आयी। पत्रकार के तौर पर ऐसी ख़बरों पर हम कुछ देर ठहरते हैं और फिर अन्दर के किसी पेज पर चुपके से लगा देते हैं। इस ख़बर का अंजाम भी यही हुआ। मौत एक थी, इसलिए अख़बार के पन्ने पर उसे जगह भी उसी हिसाब से मिली। मंफी की मौत के साथ ख़बर का कोई अलग आकर्षण भी नहीं जुड़ा था, इसलिए हमने इस पर कोई अतिरिक्त मेहनत भी नहीं की। आत्महत्या की ख़बर जिस ख़ामोशी से आयी थी, उसी ख़ामोशी से अन्दर के पेज पर सिमट गयी।

ग़रीब की मौत की ख़बर बिना चीख़े ही सूचना बनती है। हमारे न्यूज़रूम में सबकुछ सामान्य हो गया। अच्छी–बुरी ख़बरों का

चुपचाप–दबे पाँव आना जारी रहा। किसी दिन ख़बरों की गर्जनाएँ धीमी पड़ती तो कभी–कभी तेज हो जाती। मंफी की आत्महत्या की ख़बर भी भीतर के पन्ने पर रफा–दफा कर दी गयी, लेकिन इस मौत ने 2 दिन बाद शोर मचाया, जब माँ को जूट की रस्सी से बुनी चारपाई में अटका मंफी का सुसाइड नोट मिला। मंफी ने यह आख़िरी चिट्ठी माँ को लिखी थी। आप इसे सुसाइड नोट कह सकते हैं लेकिन मैं वसीयत ही कहूँगा। क्योंकि इस भोली बच्ची की माँ के नाम लिखी इस चिट्ठी में अपने पिता को आँखें और भाई को किडनी देने का अपना फ़ैसला लिखा था। ख़ुद की ज़िन्दगी देकर अपने पिता व भाई का जीवन बचाने का यह वचन दुनिया की सबसे बड़ी वसीयत नहीं तो क्या है? उफ़! ये क्या? मंफी का कोई अंग उसके परिवार के काम ही नहीं आ पाया। क्योंकि ख़त परिवार वालों को तब मिला जब मंफी का अन्तिम संस्कार हो चुका था। देह के रूप में दी गयी उसकी सारी जायदाद खाक हो गयी। वो मकसद भी न पूरा हो सका, जिसके लिए मंफी ने जान दी।

मैं और मेरा पूरा न्यूज़रूम सदमे में था। मंफी को मैं अब नायक कहूँ या बलिदान का प्रतीक, या ग़रीब की ज़िन्दगी का सबसे क्रूर सच, तय नहीं कर पा रहा था। हम सबकी आँखें भर आयी थीं। मंफी के लिए बस हम अपने मन में प्रार्थना ही कर सके।

यह जयपुर में जून की तपती शाम थी, लेकिन ख़बर की एक–एक लाइन में भी अलग ताप था। दो दिन पहले जिस ख़बर को हम आत्महत्या की एक साधारण सूचना मानकर चल रहे थे, वही ख़बर आज चीख रही थी। ख़बर की पूरी कहानी किसी ट्रेजेडिक फिल्म की तरह खुलने लगी। यह अलग तरह की ख़बर थी। हर शब्द मेरे जेहन में गहरे धँसे जा रहे थे। ख़बर को एडिट करते–करते ही मंफी से मेरा जान–पहचान का रिश्ता भी बन गया। उसकी मौत की ख़बर को भले ही मैंने पाँच सौ शब्दों में समेट दिया था, लेकिन मेरे भीतर एक तूफान दौड़ने लगा। विचारों की धक्का–मुक्की शुरू हो गई। होठों के रास्ते एक थरथराता ग़ुस्सा मेरे चेहरे पर उतरने लगा।

ख़बर को फ्रंट पेज पर जारी तो कर दिया, लेकिन अजीब सी चुभन दिमाग को हिला रही थी। मुझे भंयकर सिर दर्द होने लगा। दिमाग के पुर्जों को दवा चाहिए थी। न्यूज़ रूम में बैठा यही सोचता रहा– काश! दिमाग़ में घुल रहे बुरे विचारों का भी अन्तिम संस्कार हो जाए।

न्यूज़रूम में हर रोज ख़बरों की कहानियाँ एक–दूसरे से गुथी हुई हमें मिलती हैं। घटनाओं–दुर्घटनाओं का भी मिलता–जुलता दर्द होता है। हर पत्रकार रोज़ एक मंफी से मिलता है और भीतर ही भीतर रोता भी है। और जब दर्द हद से ज़्यादा बहने लगता है तो मुनव्वर राना के इन अलफ़ाज़ में सुकून टटोलता हूँ–

बहुत पानी बरसता है तो मिट्टी बैठ जाती है,
न रोया कर बहुत रोने से छाती बैठ जाती है।

कभी–कभी कुछ ख़बरों के घाव दिल की भीतरी दरारों को और गहरा कर देते हैं। मंफी की कहानी का दर्द भी कुछ ऐसा ही है।

20
मौत की क़ीमत

मौत की क़ीमत यानी मौताणा। हमें मिली ऐसी ख़बर जिसे पढ़कर यक़ीन करना मुश्किल था। ऐसी–ऐसी कुरीतियाँ। न्यूज़रूम में हमेशा बुरी ख़बरें दाख़िल होती हैं। ये तो बदतर थी।

पचास हजार मुआवज़े के लिए डेढ़ साल लटकी रही लाश, मुआवज़ा मिलने पर उतारी तो मिलीं 13 किलो हड्डियाँ

पत्रकार अक्सर ऐसी घटनाओं के गवाह बनते हैं जिनके सीधे अनुभव का मौक़ा आम पाठकों को नहीं मिलता। ऐसे में वे पाठकों या दर्शकों की आँख और कान की तरह काम करते हैं। और कई बार उनके देखे–सुने अनुभव दिल दहलाने वाले होते हैं। बीबीसी में विदेश संवाददाता रह चुके मार्क ब्रेन की राय में पत्रकार होने का यह मतलब नहीं है कि आपने किसी सुपरमैन की तरह कोई कवच पहना हुआ है कि आप ग्राउंड पर निकलें और बिना प्रभावित हुए रिपोर्ट कवर करने लगें। निश्चित तौर पर हम जो कुछ भी कवर करते हैं उससे हम आश्चर्यचकित और प्रभावित दोनों होते हैं। जो ख़बरें अलसुबह आपको चौंकाती हैं उससे कई गुना ज़्यादा विस्मय उन्हें रिपोर्ट करने पर हमें होता है।

ऐसी ही एक ख़बर की कहानी यहाँ दर्ज कर रहा हूँ। इसे पढ़कर आपका दिल भी तेज़–तेज़ धड़कने लगेगा। यह ख़बर न केवल आपको चौंकाएगी, बल्कि आपके दिमाग़ में भी वे सारे सवाल पैदा करेगी, जो इस रिपोर्ट के दौरान मेरे दिमाग़ में थे। दावे के साथ कह सकता हूँ कि इस दक़ियानूसी प्रथा के बारे में पढ़कर 29वीं सदी, रॉकेट साइंस, आर्टिफ़िशियल इंटेलिजेंस जैसी तमाम बातें आपको फ़िक्शन लगेंगी और अगर एक संवेदनशील दिल आपके पास है तो हो सकता है कि आप भी मेरी ही तरह ख़ुद को ग़ुस्से, नफ़रत और खामोश डर से भरपूर पायेंगे। पूरी व्यवस्था को पीट–पीटकर मारने का आपका मन करेगा।

अब कहानी का सिलसिलेवार ब्योरा। 12 जून 2018, मंगलवार रात साढ़े दस बजे का वक़्त रहा होगा। सिटी हैड प्रवीण भट्ट और चीफ़ रिपोर्टर आनन्द चौधरी से लगभग इसी वक़्त ख़बरों के फाइनल टच पर बातचीत होती थी। यह संस्करण की कामकाजी बातचीत का आख़िरी दौर होता है। मैंने आनन्द चौधरी से पूछा– क्या–क्या बड़ी ख़बरें हैं? कुछ नया है क्या? आनन्द पहले मुस्कुराया और फिर निराशा और ग़ुस्से से भरी आवाज़ में बोला, उदयपुर की कोटड़ा

तहसील से एक ख़बर आयी है। मैंने पूछा, किस बारे में? आनन्द बोला, सौदे के बारे में। मैंने पूछा, किसका सौदा? वह बोला, लाश का। इस जवाब ने मुझे आश्चर्य और झटका, दोनों दिये। वैसे तो न्यूज़रूम में एडिशन छोड़ने तक कई आश्चर्यजनक ख़बरें आती रहती हैं। लेकिन लाश का सौदा। ये कुछ नया था। मैंने पूछा क्या मामला है? खुलकर बताओ। ख़बर जब खुली तो कइयों के मुँह खुले रह गये।

ख़बर की कहानी और उसके पात्र कुछ इस तरह हैं। कोटड़ा तहसील के आजड़ी गाँव से हमारे संवाददाता शाहिद ख़ान ने ख़बर और फ़ोटो दोनों भेजी थीं। ख़बर की शुरुआत कुछ यूँ हुई... 35 साल के अजमेरी की मौत उस वक़्त हो गयी थी जब वह अपनी बहन से मिलने के लिए पास के गाँव में गया था। बहन से तो वह मिल आया था, लेकिन वापस घर नहीं पहुँचा। उसका शव जंगल में मिला। शव मिलने से पूरे गाँव में गुस्सा, आक्रोश और दुख था। यहाँ तक कि कहानी सामान्य घटना जैसी ही है, किन्तु यह कहानी इससे कुछ जुदा है।

> *उदयपुर के आदिवासी क्षेत्रों में एक परम्परा है–मौताणा। मतलब मौत या हत्या के बदले मुआवज़ा। इस ख़बर में भी मौताणे के अलग मायने हैं। अजमेरी के परिवार व गाँव वालों का आरोप था कि चूँकि अजमेरी अपनी बहन के गाँव से लौटते वक़्त मृत पाया गया, इसलिए उन्हें मुआवज़ा देना पड़ेगा।*

ख़बर के रूप में अक्सर हम देखते हैं कि शव लेकर परिजन सड़क जाम करते हैं। मुआवज़े की माँग करते हैं और दोषियों की गिरफ़्तारी होने तक शव का दाह–संस्कार न करने की कसमें खाते हैं। ऐसी ख़बरें अब आम हो गयी हैं। अब आप अहंकारी रीति–रिवाजों के रहस्य लोक से रूबरू होइए। उदयपुर (राजस्थान) के आदिवासी क्षेत्रों में एक परम्परा है– मौताणा। मतलब मौत या हत्या के बदले

मुआवज़ा। इस ख़बर में भी मौताणे के अलग मायने हैं। अजमेरी के परिवार व गाँव वालों का आरोप था कि चूँकि अजमेरी अपनी बहन के गाँव से लौटते वक़्त मृत पाया गया, इसलिए उन्हें पचास हजार रूपए मुआवज़ा देना पड़ेगा। यह माँग दूसरे गाँव ने नकार दी। तो अजमेरी के पूरे गाँव वालों ने लाठी, भालों और तीर–कमान के साथ दूसरे गाँव पर हमला कर दिया जिसे चढ़ोतरा कहा जाता है। चढ़ोतरे के बाद भी मामले का हल नहीं निकला। विवाद बढ़ता रहा। कोई रास्ता न निकलता देख अजमेरी के गाँव वालों ने उसकी लाश को वहाँ के आँगनबाड़ी केन्द्र के दरवाज़े पर लटका दिया। उनकी हिदायत थी कि जब तक मौताणा नहीं मिलेगा, उसका अन्तिम संस्कार नहीं होगा। मौताणा प्रथा के खौफनाक राज अब खुल रहे थे।

> *हमने ख़बर को अति गम्भीर कैटेगरी में रखा और पूरी ताक़त के साथ यह मुहिम चलाई। सरकार और समाज के सामने हज़ारों सवाल खड़े किये और पुलिस का दखल भी बढ़ाया। बावजूद इसके लाश सात माह बाद ही उतर पायी।*

कहानी यहीं ख़त्म नहीं होती। एक घुटन भरी प्रथा अपनी सारी सीमाएँ लाँघ चुकी थी। सोचिए... लाश कितने दिन से लटकी होगी। दस, पन्द्रह, बीस दिन, 2 या 4 महीने...। नहीं। यहाँ लाश पूरे डेढ़ साल तक लटकी रही। क्योंकि उस क्षेत्र में ऐसा होना कोई नयी बात नहीं थी इसलिए पूरे नौ माह बाद तक तो ख़बर हमारे न्यूज़रूम में पहुँची। रिपोर्टर शाहिद ख़ान से ख़बर इतना लेट होने का कारण जब पूछा गया तो उसने बेझिझक कहा– सर, यहाँ तो ये सब चलता रहता है। चूँकि नौ माह हो चुके हैं इसलिए अब ख़बर भेजी गयी। एक–दो माह की तो भेजते ही नहीं हैं।

लाश ने क्या व्यवस्था को भी नहीं ललकारा? क्या डेढ़ साल से सड़ रहे इस शव की गन्ध पुलिस व प्रशासन के फेफड़ों तक

नहीं पहुँची थी। इस सवाल के जवाब की पड़ताल में पता चला कि पुलिस और सरकारी तन्त्र यहाँ आकर महज़ औपचारिकता पूरी कर लौट गया था। सम्भवतः आदिवासी सत्ता से उन्होंने बिना मुक़ाबला किये ही हार मान ली थी या फिर वे इसके लिए अपनी ऊर्जा नष्ट नहीं करना चाहते थे। एक तरह से इस प्रथा को पुलिस प्रशासन को यह एक मूक स्वीकृति ही थी। ज़रा सोचिए महीनों पहले मर चुके व्यक्ति के शव को इसलिए चिता की अग्नि नहीं मिल रही थी क्योंकि गाँव के पंचों को मुआवज़ा नहीं मिला था। चरमराती, लचर क़ानून व्यवस्था की तस्वीर यहाँ साफ़ नज़र आ रही थी। उसके सारे रंग उतर चुके थे।

> *डेढ़ साल बाद अजमेरी का शव उतारा गया। तब तक उसमें कुछ नहीं बचा था। महज़ कंकाल ही था जिसका वज़न मात्र 13 किलो था। जब लटकाया गया तब वह शरीर था लेकिन जब उतारा गया तो केवल हड्डियों की पोटली। अजमेरी का यह शव राजस्थान की दमघोंटू कुरीतियों का ज़िन्दा उदाहरण है।*

हमने ख़बर को अति गम्भीर कैटेगरी में रखा और पूरी ताक़त से ख़बर के सभी पहलुओं को एक–दूसरे से जोडा। न्यूज़रूम का उस वक़्त एक स्पष्ट उद्देश्य हमारे सामने था कि इस अन्धविश्वासी व्यवस्था का पूरा पोस्टमॉर्टम हमें करना है। हैडलाइन, कॉपी, ले–आउट सभी पर काम शुरू हो गया। एक पत्रकार के तौर पर यहाँ यह ज़िम्मेदारी भी बनती है कि आपको सही तथ्य देने हैं। ईमानदारी से रिपोर्ट करना है। और अपने पाठकों को यह बताना है कि आपके आसपास क्या–क्या घट रहा है। यक़ीन मानिये इस ख़बर को फ्रंट पेज की सबसे बड़ी ख़बर बनाते वक़्त मेरे दिल और दिमाग़ में डेढ़ साल से लटके शव के दृश्य ही चल रहे थे। मैं यह भी सोच रहा था कि क्या किसी के साथ मौत के बाद इतना बुरा भी हो सकता है। ख़बर फ्रंट पेज की

लीड बन गयी। ख़बर छपने के साथ सुबह सरकार–प्रशासन–पुलिस जिस तरह का व्यवहार करती है, वैसा ही हुआ। रीति–रिवाजों के आगे घुटनों पर आयी व्यवस्था में हलचल हुई। ख़बर ने कुप्रथा और उसकी दहशतगर्दी का दरवाजा तोड़ दिया।

डेढ़ साल बाद सोते हुए चौकीदार जागे। अजमेरी का शव उतारा गया। तब तक उसमें कुछ नहीं बचा था। महज़ कंकाल ही था जिसका वज़न मात्र 13 किलो था। जब लटकाया गया तब वह शरीर था लेकिन जब उतारा गया तो केवल हड्डियों की पोटली। अजमेरी का यह शव राजस्थान की दमघोंटू कुरीतियों का ज़िन्दा उदाहरण है। ऐसा नहीं कि अब किसी दूसरे अजमेरी की ख़बर कभी नहीं आयेगी। यहाँ दुर्घटना, साँप काँटने या आत्महत्या पर भी मौताणा माँगा जाता है। मौत का सौदा यहाँ आम है। यहाँ अपराध, अपराधी और आरोप साबित हों न हों, मौताणा सबकुछ है...जो आदिवासी अपनी अदालत में तय करते हैं। उनके अन्धे क़ानून और दंड व्यवस्था के आगे सब बेबस हैं। एक व्यक्ति की लाश पूरे डेढ़ साल तक लटकी रही और पूरी व्यवस्था ख़ामोश रही। शरीर की दुर्गन्ध से ज़्यादा धूर्त व्यवस्था से आने वाली बू ज़्यादा खतरनाक थी। मौत के बाद यह क्रूरता अमानवीय थी।

अब ख़बर के भीतर की दूसरी ख़बर। मौताणा जैसी ख़बरें एक पत्रकार के तौर पर न्यूज़रूम में हमें रोमांचित करती हैं। हमें लगता है– बड़ी ख़बर का सूखा खत्म हो गया। फ्रंट पेज को प्रभावशाली ख़बर मिल गयी। साथी पत्रकार भी कुछ उत्साहित रहते हैं। हैडलाइन लगाते वक्त होठ हिलते हैं– मेरे ख़ुदा... तुम अब तक थे कहाँ? न्यूज़रूम को जीवित ऐसी ही ख़बरें रखती हैं अचम्भित करने वाली ख़बरों का हमारे लिए अलग ग्लैमर है। बहुत ही आकर्षित करने वाली चमक–दमक है। ख़बरों के साथ हमारा ईमान और इश्क़ कुछ ऐसा ही है। लेकिन बीमार हो रहे एक तन्त्र पर जब हम अपने शब्दों से सुबह अख़बार के पन्नों पर हमला करते हैं तो उसके जवाब में जो सुखद प्रतिक्रिया होती है वो यह भुला देती है कि रातभर ख़बर के

इस बीज को बोने में हमने कितनी मेहनत–मशक्कत की थी। रोज़ कोई–न–कोई ख़बर अपना असर दिखाती है। सरकार की दीवारों को खड़खड़ाती है।

एक सच और... पत्रकार के तौर पर हम ख़बरों के स्वप्न कुछ घण्टों के लिए ही देखते हैं। एक ख़त्म, दूसरा शुरू। इन सपनों पर प्रश्नचिह्न भी हमेशा रहेगा। क्योंकि सारी ख़बरों को उनकी समस्याओं के समाधान कभी नहीं मिलते। सभी ख़बरों की हस्तरेखाएँ अजमेरी के शव की तरह नहीं होतीं। शवों को लटकाकर मौत पर मौताणा माँगने की कुप्रथा आज भी जारी है। ऐसी ख़बरों की अँधेरी छाया हमारे न्यूज़रूम में आज भी उतरती हैं।

21
नर्मदिल दरोगा

ख़बरों में पुलिस हमेशा रौबदार, गुस्सैल और सख्तमिज़ाज ही होती है। कई बार भ्रष्ट भी। जब खाकी के भीतर का इंसान नर्मदिल हो तब ही बन पाती है इस तरह की अलग ख़बर।

माँ दे रही थी परीक्षा, केन्द्र के बाहर रोती दो साल की बच्ची को खिलाता रहा पुलिस वाला

अन्त में इस दिल को छू लेने वाली कहानी को पढ़िए। क्योंकि मैं नहीं चाहता कि न्यूज़रूम से बाहर निकली कहानियों से आप पत्रकारिता के बारे में कोई एकतरफ़ा राय बनायें। यहाँ भी एक ऐसी ही ख़बर है, जो पत्रकारिता से जुड़ा एक नया नज़रिया आपकी सोच में शामिल करेगी। इस सच्ची कहानी को पढ़कर आपको बहुत अच्छा महसूस होगा। अख़बारों के न्यूज़रूम के बुनियादी ढाँचे में ऐसी कहानी कभी–कभार ही दाख़िल होती हैं।

हम पत्रकारों का कामकाजी व्यवहार ही कुछ ऐसा है कि सिर्फ़ नेगेटिव ख़बरों को ही हम अपने सबसे क़रीब पाते हैं। हमारी भाव– भंगिमाएँ, देखने–समझने का दृष्टिकोण, अलग और नया करने की छटपटाहट सबसे बुरी ख़बरों के लिए सबसे अच्छी होती है।

न्यूज़रूम के फ्लोर पर लगने वाले बुरी ख़बरों के अम्बार में से जब कोई अच्छी ख़बर प्रकट होती है, तो एक पत्रकार की आँखों की पुतलियाँ मचलने लगती हैं। देर रात को हमारे गहरी चुप्पी गें डूबे चेहरे चमकने लगते हैं। बेतरतीब अधपकी दाढ़ी वाले पत्रकारों के पास जब ऐसी ख़बर एडिट होने के लिए आती है तो उनकी ख़ुशी क़ाबिल–ए–ग़ौर होती है। अच्छी हैडलाइन लगाने, बढ़िया और अलग कॉपी लिखने और कुछ पॉजिटिव काम करने का यह सुकून देर रात तक उनकी थकी देह को एक टॉनिक की तरह कुछ तो ताज़ा कर ही देता है। जो कहानी मैं आपको बता रहा हूँ, वो कुछ ऐसी ही है। बुरी ख़बरों से निकाली गयी एक अच्छी कहानी। इंसानियत और सामाजिक प्रतिद्वन्द्विता को तरो–ताज़ा करने वाली।

कहानी शुरू करने से पहले इसके किरदार से रूबरू होते हैं, जो यहाँ पुलिसवाला है। पुलिस से जुड़ी जितनी ख़बरें हम तक

आती हैं वे अक्सर डराने, सताने वाली होती हैं। पुलिस का चेहरा ही कुछ ऐसा है। हम आप तक पुलिस की जो ख़बरें पहुँचाते हैं, उनका ताना–बाना ज़्यादातर कुछ नेगेटिव ही बुना होता है। लेकिन यह कहानी एक अच्छे पुलिस वाले की है। जो यदा–कदा ही दिखते हैं।

तेलंगाना के महबूबनगर से आयी इस ख़बर ने पूरे न्यूज़रूम का दिल ख़ुश कर दिया। ख़बर के साथ एक तस्वीर भी थी। इस तस्वीर में एक पुलिसवाला एक दो साल की बच्ची के साथ खेलता नज़र आ रहा था। तस्वीर राज्य की एक आईपीएस अधिकारी रेमा राजेश्वरी ने ट्वीट की थी। ऐसी तस्वीर अमूमन पुलिस के किसी अधिकारी के ट्वीटर अकाउंट पर दिखना बहुत दुर्लभ है। यहाँ ज़्यादातर छापे, शूटआउट, गिरफ़्तारी या सस्पेंशन आदि की तस्वीरें ही पायी जाती हैं। फ़ोटो अलग थी सो इसके साथ व्यवहार भी अलग ही हुआ। न्यूज़रूम के सभी साथी तस्वीर की इस बच्ची के साथ खेलने लगे। हमारे खिलौने शब्दों के रूप में थे और भाव संवेदनशीलता के। आधी रात को कोई ख़बर चेहरे पर मुस्कान ला दे तो आप सोच सकते हैं कि सुकून के कैसे भाव न्यूज़रूम में जन्म ले रहे होंगे। ख़बर लिखने की पूरी सुर–ताल ही अलग होती है।

> *“ हैड कांस्टेबल मुजीबुर्रहमान की महबूबनगर के एक परीक्षा केन्द्र में ड्यूटी लगी थी। यहाँ एक महिला अपनी दो साल की बच्ची के साथ परीक्षा देने आयी। वो बच्ची को घर नहीं छोड़ सकती थी, शायद घर की स्थिति कुछ ऐसी रही होगी। अब परीक्षा में तो बच्ची साथ जा नहीं सकती थी। सो उसे सँभालने का ज़िम्मा पुलिसकर्मी मुजीबुर्रहमान ने ले लिया।*

तारीख़ 10 अक्टूबर 2018। तस्वीर की पूरी कहानी कुछ इस तरह है। तेलंगाना के मूसापेट पुलिस थाने में हैड कांस्टेबल मुजीबुर्रहमान की महबूबनगर के एक परीक्षा केन्द्र में ड्यूटी लगी थी। यहाँ एक

महिला अपनी दो साल की बच्ची के साथ परीक्षा देने आयी। वो बच्ची को घर नहीं छोड़ सकती थी, शायद घर की स्थिति कुछ ऐसी रही होगी। अब परीक्षा में तो बच्ची साथ जा नहीं सकती थी। सो उसे सँभालने का ज़िम्मा पुलिसकर्मी मुजीबुर्रहमान ने ले लिया। माँ की संवेदना समझते हुए परीक्षा के आयोजकों ने भी उसे ऐसी जगह बैठाया जहाँ से वो बच्ची को देखती रहे। लेकिन असली काम तो हैड कांस्टेबल मुजीबुर्रहमान ने ही किया। वो पूरे समय बच्चे को खिलाते–बहलाते रहे और उसे माँ की कमी नहीं होने दी। दो साल की बच्ची तो जान भी नहीं सकती थी कि उसकी माँ परीक्षा दे रही है। लेकिन यहाँ परीक्षा केवल माँ की ही नहीं, मुजीबुर्रहमान की भी थी। पूरे दिन गुंडे बदमाशों पर दो–दो हाथ करने वाले, सख़्त हो चुके हाथ बड़ी नरमी के साथ बच्ची को सहेज रहे थे। मुजीबुर्रहमान अनुभवी अभिभावक की तरह बच्ची के साथ खेल रहे थे और किसी ने इस अद्‌भुत क्षण को कैमरे में क़ैद कर वायरल कर दिया। और इस तरह दुनिया ने पुलिस का एक अलग, ख़ूबसूरत और भरोसा दिलाने वाला चेहरा देखा।

जैसे ही यह सूचना हमारे न्यूज़रूम में दाखिल हुई, हमें लगा जैसे ख़बरों के ढेर से मोतियों का खजाना मिल गया है। मातमी ख़बरों से झुलसे डंठल हमने अन्दर के पेजों पर चस्पा कर दिए और पूरा फोकस इसी ख़बर पर कर दिया। मेरे भीतर भी एक ऊर्जा का संचार होने लगा। देर रात 12 बजे तक तपे–तपाये हमारे सम्पादकीय साथी अच्छी–अच्छी हैडलाइंस सोचने लगे। अलग अन्दाज़ में कैप्शन लिखे गये। मनुष्यता और मासूमियत के इस पुलिसिया चेहरे ने हमारे भीतर की मासूमियत भी जगा दी। एक राज़ की बात यह कि इस समय हम ख़बरों को लेकर काफ़ी कठोर होते हैं लेकिन इस ख़बर पर हम सभी बहुत नर्मदिल से काम कर रहे थे। ख़ूबसूरत हैडलाइन, प्रभावशाली कॉपी और निर्मल ले–आउट तैयार किया गया। एक–एक शब्द बहुत करीने से लिखा गया। हम सब चाहते थे कि यह ख़बर सुबह जब हमारे पाठकों तक पहुँचे तो

वे मुजीबुर्रहमान को एक नायक की तरह हाथों–हाथ लें। पुलिस को लेकर हमारे जो पूर्वाग्रह हैं, वे भी मिट जायें। ख़बर ने अपना आकार ले लिया। काले शब्दों ने कमाल कर दिया। ख़बर ने फ्रंट पेज पर क़ब्ज़ा कर लिया। फ्रंट पेज भी आज बहुत अलग था। कई दिनों बाद पॉजिटिव ख़बर को प्रमुखता मिली थी। काले शब्दों में आज कड़वाहट बिल्कुल नहीं थी।

रात क़रीब एक बजे मैंने न्यूज़रूम छोड़ दिया। आज एक सुन्दर, उम्मीद भरी ख़बर मेरे साथ चल रही थी। मैं ख़ुश था, क्योंकि आज हाथों पर हत्याओं, ख़ून–खच्चर, घोटाले–घपले की लाली नहीं थी। आख़िर में पेज पर लगाई गयी ख़बर वाली बच्ची की मासूमियत और पुलिसकर्मी मुजीबुर्रहमान की भलाई की ख़ुशबू थी। अक्सर घर पहुँचते ही हम सारी ख़बरों का कालापन या लाली जल्द–से–जल्द धोना चाहते हैं, पर आज मैंने हाथ नहीं धोये। आँखों पर हथेली की अँगुलियों को रखकर सो गया।

अन्त इस कन्फ़ेशन के साथ–

न्यूज़रूम पत्रकारों की सबसे पवित्र जगह है... अत्यन्त सुन्दर। जुनूनी और अद्‌भुत आत्मविश्वास से भरे पत्रकार यहाँ ख़बरों से प्यार करते हैं, लेकिन छायावादी कहानियों के इश्क़ की तरह नहीं। क्रूर से क्रूर ख़बर में हम अपना सौन्दर्य पक्ष पकड़ ही लेते हैं। मौत हमारे लिए बस एक नम्बर है। सबसे बुरी ख़बर हमारे लिए सबसे अच्छी और बड़ी ख़बर है। इन ख़बरों के नायक–सह नायक, खलनायक तलाशते–तलाशते हमारी सारी कोशिकाएँ, दायें–बायें के फेफड़े और इन्द्रियाँ बुरी तरह घायल हो चुके हैं।

हर ख़बर का घटनास्थल पत्रकारों के लिए रणशाला ही है। आपदा, दुर्घटनाओं और दर्दनाक घटनाओं वाली जगहों से लोग जब सुरक्षित स्थानों पर लौट रहे होते हैं तो पत्रकार जीवन को खतरे में डालने के लिए ख़बरों के उस रणक्षेत्र में कूच कर रहा होता है... सैनिक, पुलिसकर्मी, दमकलकर्मी, आपदा राहत और बचाव दल के दस्ते की तरह। यह जोख़िम पेशागत है, मगर एक सच यह भी कि पत्रकार बचावकर्मी नहीं हैं। ख़बरों की रणशाला में हमारी तैनाती सिर्फ़ सच को रिपोर्ट करने के लिए ही होती है।

हमारे अस्त्र–शस्त्र सीमित हैं।

ख़बर की हैडलाइन व्यवस्था की पीठ पर प्रहार करने का सबसे

ताकतवर और अन्तिम अस्त्र है। बाकी सारा असलहा भी शब्द और तस्वीरें ही हैं।

हम पत्रकार आज भी इस भ्रम में हैं कि हमारी ख़बरों के साक्ष्य और दलीलें दुनिया बदल देगी। हम ही सबसे बड़े पावर हाउस हैं। महत्वाकांक्षा चाँद को धरती पर उतार लाने की है, इसीलिए ख़बरों के आईने रोज़ तोड़ते हैं।

...और हाँ, हमारे न्यूज़रूम की सच्ची कहानियों को धैर्यपूर्वक पढ़ने के लिए धन्यवाद। इन कहानियों की कुण्डलियों में सारे ग्रह–नक्षत्र मैंने पूरी ईमानदारी से जमाये हैं। स्वीकारने और अस्वीकारने के लिए आप स्वतन्त्र हैं।

□□